FINANZAS PERSONALES 101

DESDE **LOS AHORROS** Y **LAS INVERSIONES** HASTA **LOS IMPUESTOS** Y **LOS PRÉSTAMOS**, UNA GUÍA ESENCIAL A **LAS FINANZAS PERSONALES**

FINANZAS PERSONALES 101

DESDE **LOS AHORROS** Y **LAS INVERSIONES** HASTA **LOS IMPUESTOS** Y **LOS PRÉSTAMOS**, UNA GUÍA ESENCIAL A **LAS FINANZAS PERSONALES**

ALFRED MILL

con una revisión técnica de Michele Cagan, CPA

ADAMS MEDIA

NUEVA YORK ÁMSTERDAM/AMBERES

LONDRES TORONTO SÍDNEY/MELBOURNE NUEVA DELHI

adamsmedia

Adams Media
Una división de Simon & Schuster, LLC
100 Technology Center Drive
Stoughton, MA 02072

Primera edición en tapa dura de Adams Media: octubre de 2026

ADAMS MEDIA y su colofón son marcas comerciales registradas de Simon & Schuster, LLC.

Simon & Schuster cree firmemente en la libertad de expresión y se opone a la censura en todas sus formas. Para obtener más información, visita BooksBelong.com.

Para obtener más información sobre descuentos especiales para compras al por mayor, comunícate con Ventas especiales de Simon & Schuster al 1-866-506-1949 o a business@simonandschuster.com.

La Oficina de Oradores de Simon & Schuster puede llevar autores a tu evento en vivo. Para obtener más información o para programar un evento, comunícate con la Oficina de Oradores de Simon & Schuster al 1-866-248-3049 o visita nuestro sitio web en www.simonspeakers.com.

Fabricado en los Estados Unidos de América

1 2026

ISBN 978-1-5072-2686-5
ISBN 978-1-5072-2691-9 (ebook)

Contiene material adaptado de los siguientes títulos publicados por Adams Media, una división de Simon & Schuster, Inc.: *The Everything® Personal Finance in Your 20s & 30s (libro)*, 3ra. edición de Howard Davidoff, JD, CPA, LLM, copyright © 2012, ISBN 978-1-4405-4256-5; *Debt 101* de Michele Cagan, CPA, copyright © 2020, ISBN 978-1-5072-1266-0.

ÍNDICE

INTRODUCCIÓN

Una de las cosas más importantes que puedes hacer es asumir y mantener el control de tus finanzas personales. Tus finanzas no están desconectadas de los demás aspectos de tu vida; te brindan una estructura. Una vez que tengas control de tus finanzas, te sentirás menos estresado y más empoderado, y podrás comenzar a lograr las metas que te propusiste. En este libro, descubrirás que administrar tu dinero no es una tarea complicada; se trata simplemente de ser consciente de uno mismo y disciplinado. *Finanzas personales 101* te proporciona consejos que van desde cómo reducir los gastos hasta qué tipo de seguro te conviene comprar. En este libro encontrarás planes para:

- aliviar las deudas;
- planificar para la jubilación;
- crear un presupuesto;
- resolver problemas de crédito.

Una vez que hayas establecido tus metas financieras personales, debes aprender cómo alcanzarlas. Esto implica saber bien dónde te encuentras y cómo llegar a donde deseas estar en tu trayecto financiero. Este proceso puede incluir de todo, desde calcular tu valor neto hasta saldar las deudas de tus tarjetas de crédito. Desde decisiones transformadoras en tu vida (como la compra de una casa) hasta obligaciones anuales (por ejemplo, pagar los impuestos), poner tus finanzas personales en orden puede simplificar tu vida.

Finanzas personales 101 te proporciona una hoja de ruta para ayudarte a administrar tu dinero de forma responsable. Una vez que desarrolles buenos hábitos financieros, descubrirás que es fácil mantenerte en ese camino. Incluso, podría llevarte a lugares emocionantes que no te habías imaginado, ya sea para viajar a nuevos destinos o expandir tu estilo de vida.

La buena administración del dinero no solo eliminará estrés de tu vida, sino que también pondrá muchas más opciones a tu alcance. El primer paso es evaluar el estado de tus finanzas. Luego, ¡aprenderás a desarrollar hábitos financieros importantes que podrán ayudarte a llevar una vida más segura, productiva y estable!

Capítulo 1

Tu hoja de ruta financiera

El primer paso, y el más básico, para tomar control de tus finanzas es establecer tus metas y evaluar lo que tienes. Una vez que hayas hecho esto, estarás en condiciones de seguir adelante y potenciar tus ganancias financieras. Pero ¡empecemos por el principio!

ESTABLECE TUS METAS FINANCIERAS

¿Qué deseas lograr?

Todas las organizaciones exitosas tienen metas a corto y largo plazo y un plan escrito para alcanzarlas. Para lograr el éxito financiero personal, debes tener tus propias metas y planes. Los primeros pasos consisten en determinar tu situación financiera actual y, a continuación, decidir qué deseas lograr en el futuro y cómo lo vas a hacer.

POR QUÉ LAS METAS FINANCIERAS SON IMPORTANTES

Si iniciaras un largo viaje hacia un territorio desconocido, no lo harías sin un hoja de ruta. Sin embargo, muchas personas van por la vida sin un plan concreto para su futuro financiero. De hecho, la mayoría de ellas dedican más tiempo a planificar sus vacaciones que sus finanzas. El camino que tomes hacia la libertad financiera puede llevarte directamente al destino que deseas o a un callejón sin salida. Establecer metas financieras específicas y elaborar un plan escrito para alcanzarlas te ayudará a enfocar tus esfuerzos en el resultado final.

Las metas son como las ruedas de un automóvil: te mantienen encaminado en la dirección que deseas ir, y no podrás llegar muy lejos sin ellas. Si aún no haz empezado a planificar para tu futuro, es el momento de hacerlo, sin importar tu edad.

Comienza cuanto antes

Comenzar a ahorrar e invertir desde joven es una enorme ventaja. Si inviertes $5000 una sola vez a los veinte años y esa inversión genera un interés promedio del 7 % anual, al jubilarte (a los setenta años) tendrás más de $163 000. La misma suma de dinero invertida una sola vez a los cuarenta años sumaría menos de $41 000.

Al ahorrar e invertir, podrás acceder a la herramienta financiera más poderosa que existe: el tiempo. De hecho, lo más inteligente que puedes hacer de joven es ahorrar e invertir. En última instancia, podrás ahorrar e invertir montos más pequeños, pero aun así tendrás una ventaja considerable sobre aquellos que comienzan a hacerlo una o dos décadas después. Incluso, a medida que avanzas en edad, desarrollar un plan de ahorro e inversión claro te dará una ventaja considerable. Como reza el dicho popular: «El que no planea, se equivoca dos veces». Sin planificación, por muy buenas que sean tus intenciones, no llegarás a ninguna parte. Empieza a trazar tu ruta ahora. Tu futuro depende de ello.

¿CUÁL ES TU PATRIMONIO NETO?

Una evaluación de tus finanzas

Como ocurre con cualquier hoja de ruta, para poder decidir cómo ir de un lugar a otro, necesitas saber dónde te encuentras. ¿Cuál es tu situación financiera actual? Para responder a esta pregunta fundamental, necesitas conocer tu estado patrimonial. Tu patrimonio neto es la diferencia entre todas las cosas de valor que posees y todas las deudas que tienes, o, en términos financieros, tus activos menos tus pasivos. Tu estado patrimonial es una lista de todos tus activos y pasivos, con su valor o saldo actual.

POR QUÉ NECESITAS UN ESTADO PATRIMONIAL

El estado patrimonial te proporciona un panorama de tu situación financiera en un momento específico. Necesitas conocer esta información para poder establecer de forma eficaz las metas financieras que deseas alcanzar, evaluar tu progreso a lo largo del camino y hacer ajustes en función de las pistas importantes que obtendrás al actualizar periódicamente tu estado patrimonial. También te resultará útil al solicitar una hipoteca, una tarjeta de crédito o un préstamo para un automóvil. A veces, las personas evitan hacer una lista de sus deudas porque temen no gustarles lo que encuentren, o bien porque consideran que tienen una buena «intuición» sobre su situación financiera general. Sin embargo, el hecho de no conocer a cuánto ascienden todas tus deudas puede causarte un daño financiero enorme y, además, la intuición puede fallar y por mucho. No tener el control de tu situación financiera puede perjudicarte de manera considerable ante una crisis, como la pérdida de empleo o una discapacidad, y es difícil, cuando no imposible, planificar para el futuro si no sabes dónde estás parado hoy.

Cómo elaborar un estado patrimonial

En primer lugar, haz una lista de todas las cosas de valor que posees, aunque no hayas terminado de pagarlas, como tu casa y tu automóvil. Utiliza el valor de mercado total actual. Los saldos de los préstamos relacionados con estos activos deben incluirse con los pasivos para no inflar el valor de tu patrimonio neto (el monto que realmente posees) sobre los activos de la lista. En el caso de bonos, opciones sobre acciones y cuentas de jubilación, usa el valor actual, no el valor al vencimiento o el valor en la fecha en que adquirirás derechos plenos sobre ellos. Tu empleador, en el caso de las cuentas de jubilación, y tu corredor, en el caso de los bonos, debería enviarte periódicamente estados de cuenta con los valores al día. Además, la mayoría de las instituciones financieras ofrecen servicios de cuentas en línea con valores actualizados a diario. El Departamento de Recursos Humanos de la empresa en que trabajas puede ayudarte a determinar el valor actual de las opciones sobre acciones de tu empresa.

En la lista, incluye sólo las pólizas de seguro de vida que tengan un valor en efectivo. La mayoría de las pólizas de seguro de vida las proporcionan los empleadores y son pólizas a término, válidas solo por el tiempo que dure tu empleo en la empresa. Estas pólizas no se consideran activos. Si compraste un seguro de vida con valor en efectivo a través de un agente y no estás seguro del valor actual en efectivo, consúltalo para conocer el monto que recibirías si cobraras el seguro hoy. Ese es el monto que debes incluir en tu estado patrimonial.

En el caso de automóviles y otros vehículos, utiliza el valor que aparece en el Kelley Blue Book, que es el precio estimado al que se vendería el automóvil de forma privada a otro consumidor o a un concesionario de automóviles. Puedes consultar los valores Kelley Blue Book en la biblioteca o en línea en www.kbb.com. Para todos los demás activos, utiliza tu mejor estimación del valor justo de mercado.

Activos

- Cuentas bancarias y del mercado monetario
- Certificados de depósito (CD)
- Efectivo disponible
- Acciones, bonos, fondos mutuos
- Bonos de ahorro
- Otras inversiones
- Cuentas 401(k)/fondos de pensión
- Cuentas de jubilación individuales (Individual Retirement Accounts, IRA)
- Planes de jubilación para pequeñas empresas
- Inmuebles
- Tierras
- Propiedades en alquiler
- Vehículos
- Casas rodantes y vehículos recreativos
- Embarcaciones
- Mobiliarios
- Joyas y pieles
- Equipos electrónicos
- Alquileres por cobrar

- Depósitos de alquiler (que has pagado)
- Depósitos de servicios públicos (que has pagado)
- Seguros de vida
- Empresas propias

Ahora bien. Has hecho una lista de todo lo que posees que tiene un valor monetario, pero el total no es una representación real de tu valor financiero. No tiene en cuenta el dinero que debes a bancos o compañías financieras antes de poseer por completo algunos de tus activos, como tu casa o automóvil, por ejemplo. Tampoco tiene en cuenta el dinero que debes a otros acreedores. Estos son tus pasivos.

Pasivos

- Hipotecas
- Préstamos con garantía hipotecaria y líneas de crédito con garantía hipotecaria (home equity lines of credit, HELOC)
- Préstamos para vehículos
- Préstamos estudiantiles
- Saldos de tarjetas de crédito
- Saldos de tarjetas de crédito de tiendas (por ejemplo, la tarjeta de crédito de Target)
- Tarjetas de crédito de gasolineras
- Impuestos inmobiliarios
- Impuestos sobre ingresos no pagados
- Impuestos estimados trimestrales
- Facturas impagas vencidas
- Pensión alimenticia
- Manutención de hijos
- Cualquier otro dinero que adeudes

Valor justo de mercado

El valor justo de mercado es el precio que pagaría un comprador dispuesto, racional y bien informado. Puede ser superior o inferior al que tú pagaste por el artículo y es la medida más representativa de su valor actual.

Luego de incluir en la lista todo lo que se te haya ocurrido, suma los activos y, a continuación, los pasivos. Después, resta los pasivos de los activos. Si el número es positivo (es decir, si los activos son mayores que los pasivos), tienes un patrimonio neto positivo. ¡Felicidades! Ya estás en condiciones de ponerte a trabajar para hacer crecer ese patrimonio. Si el número es negativo (es decir, si los pasivos son mayores que los activos), tienes un patrimonio neto negativo. Pero no te desanimes por esto: es tan solo el punto de partida. Es muy común tener un patrimonio neto negativo, sobre todo en el caso de personas que han empezado a trabajar hace poco tiempo. Ahora que sabes exactamente dónde estás parado, puedes trazar tu ruta para lograr un patrimonio neto positivo.

DECIDE LO QUE QUIERES

Elabora un plan

Fijar metas se trata simplemente de decidir lo que quieres y elaborar un plan para conseguirlo. Muchas personas se enfocan en sus deseos y necesidades inmediatas a expensas de sus metas a corto y largo plazo. Los gastos del día a día tienden a absorber todo el dinero disponible, lo que hace que planificar para el futuro y ahorrar parezcan tareas imposibles. Pero no lo son. Si te enfocas en tu presupuesto, en gastar menos dinero del que ganas y en prestarle mucha atención a lo que gastas a crédito, podrás ahorrar, invertir y avanzar hacia tus metas.

APUNTA A TU META

Piensa bien en lo que deseas lograr. ¿Qué cosas son importantes para ti? ¿Te gustaría jubilarte mientras aún eres lo suficientemente joven como para viajar o disfrutar de un estilo de vida activo? ¿Te gustaría tener tu casa propia o mudarte a una casa más grande en un barrio de más categoría? A más corto plazo, es posible que tu lista de deseos incluya un automóvil nuevo o una embarcación.

Si tus pasivos a corto plazo (las deudas con vencimiento a un año o menos) son mayores que tus activos corrientes (efectivo y activos como acciones que se pueden convertir rápidamente en efectivo), hacer pagos para reducir la deuda de la tarjeta de crédito es una prioridad inteligente.

No elijas una meta sólo porque te parece que es a lo que deberías aspirar. Pregúntate si vale la pena sacrificar algunos gastos ahora para poder disfrutar más adelante de algo que de verdad significaría mucho para ti.

Metas ambiciosas

No dejes que el temor al fracaso te obligue a fijarte metas que no sean lo suficientemente ambiciosas. Te conviene exigirte un poco para alcanzar una meta, pero tiene que ser alcanzable, ya que, de lo contrario, no lograrás mantener la motivación por mucho tiempo. Trata de lograr un equilibrio.

PONLO POR ESCRITO

Cualquiera que sea tu meta, si solo te limitas a soñar con lograrla, nunca se hará realidad. Debes escribir y revisar periódicamente tus metas. Las metas escritas te darán la motivación que necesitas y harán que tus esfuerzos por ahorrar sean más significativos. Pensar en cómo lograrás tus metas es tan importante como fijarlas. Cuando escribas tus metas, incluye lo siguiente:

- una descripción de la meta;
- el plazo para alcanzarla;
- la cantidad de dinero necesaria;
- la cantidad que ya tienes ahorrada;
- tu plan para lograr la meta (por ejemplo, ahorrar $100 al mes, trabajar diez horas extras a la semana, reducir los costos de entretenimiento a la mitad o conseguir un segundo empleo).

Establecer un plazo para alcanzar una meta generará un sentido de urgencia que te ayudará a mantenerte enfocado.

Escribe tus metas con la mayor cantidad de detalles posible para que puedas visualizarlas cada vez que las leas. Si vas a ahorrar para comprar una casa, no te limites a escribir «tener nuestra propia casa». Incluye detalles para que puedas visualizarla: «Quiero comprar una acogedora casa estilo Cape Cod con vista al mar en un terreno de una o más hectáreas boscosas en la costa de Maine». Cada vez que pienses en esa meta, imagina esa acogedora casa. Cuanto más vívida sea la visualización de tu meta, más probabilidades tendrás de lograrla.

DIVIDE LAS METAS

Al principio, es posible que tengas metas a largo plazo (es decir, metas que te propones alcanzar en cinco años o más). Puedes dividir estas metas en unas a corto plazo (de un año o menos). Esto te ayudará a mantenerte enfocado en el futuro y te dará una sensación de logro y satisfacción a lo largo del camino. En algunos casos, es posible que también desees fijarte una meta a mediano plazo (de uno a tres años). Recuerda que las metas deben ser específicas. Pregúntate cómo sabrás cuándo has alcanzado cada una de tus metas. Si puedes encontrar una respuesta concreta y medible, significa que vas por el camino correcto.

Una vez que hayas escrito todas las metas que se te ocurran, elige una o dos a corto plazo y una o dos a largo plazo en las que te enfocarás primero. Supongamos que eliges crear un fondo de jubilación como una de tus metas más importantes a largo plazo. Para dividirla en metas a corto plazo, fíjate como meta mensual aportar un monto fijo al plan 401(k) u otro plan de jubilación de tu empleador.

Sé específico

Sé específico al establecer tus metas. En lugar de decir: «Quiero ahorrar para la jubilación», di «Quiero aportar $100 todos los meses a mi cuenta 401(k)». En lugar de decir: «Quiero achicar mis deudas», di «Quiero pagar $100 más por mes a la tarjeta de crédito que me cobra la tasa de interés más alta».

La mayoría de las personas se debaten entre usar los fondos que tienen disponibles para reducir sus deudas a largo plazo, como hacer pagos adicionales hacia el monto principal de una hipoteca, o para metas a corto plazo, como crear un fondo para emergencias. La mejor opción es determinar cuál es la meta más prioritaria. Para eso, debes tomar en consideración tu situación financiera actual, tus metas a corto y largo plazo y la flexibilidad para hacer ajustes en tus planes a medida que cambien tus metas y tu situación financiera.

EVALÚA TU PROGRESO

¿Cómo te está yendo?

Ya has elaborado un estado patrimonial, has pensado en lo que quieres lograr en tu vida, has fijado algunas metas y las has dividido en metas a corto y largo plazo. El paso siguiente es determinar cómo vas a evaluar tu progreso.

Es posible que tengas una idea del progreso logrado de un mes a otro, pero tómate un tiempo para sentarte periódicamente (cada mes o trimestre, según tu situación) y evaluar cómo está progresando tu plan. Las metas a largo plazo se pueden evaluar con menos frecuencia que las metas a corto plazo, ya que tienes más tiempo para alcanzarlas, pero con revisiones más frecuentes podrás detectar cualquier problema más temprano y, si no has llegado al lugar que te habías propuesto, podrás tomar las medidas correctivas necesarias.

CONSEJOS PARA RECALCULAR Y REVISAR TUS METAS

Deberías recalcular tu patrimonio neto al menos una vez al año, pero se recomienda hacerlo con más frecuencia. A la mayoría de las personas solo les toma unos minutos actualizar la información después de haber calculado su primer estado patrimonial. Revisa tu estado patrimonial actualizado y, si tienes un cónyuge o pareja, hablen sobre cuánto han logrado y en qué áreas se han quedado atrás. Si eres soltero, hazlo por tu cuenta, a menos que quieras involucrar a otra persona, como un amigo cercano o un mentor financiero. Si hay una meta específica para la que no has logrado un progreso satisfactorio, reevalúa tu enfoque y piensa qué puedes hacer para volver a encaminarte hacia ella. Si has logrado un progreso sostenido, verlo por escrito puede resultar motivador y gratificante. Felicítate por lo que has logrado hasta ahora.

De vez en cuando, es posible que descubras que tus metas han cambiado, y eso es normal. Un buen plan financiero es flexible y cambia de acuerdo con tus necesidades. Si pierdes interés en una meta, no lo consideres un fracaso. Trabajar por algo que en realidad no deseas no es gratificante. Haz los cambios necesarios en tus metas y sigue adelante.

Puede ser de gran ayuda involucrar a otros. Habla con personas que hayan logrado una meta similar a la que te has propuesto. La experiencia y el conocimiento de estas personas pueden ser beneficiosos, y su éxito puede ayudar a mantenerte motivado.

Si te das cuenta de que no estás alcanzando tus metas porque no te sientes lo suficientemente motivado para cumplir con el plan que elaboraste, haz una lista de todo lo que ganarás cuando logres tu meta y piensa en eso a menudo. No subestimes el poder del subconsciente para mantenerte motivado. Pon en tu mente pensamientos positivos sobre tus metas y te resultarán más fáciles de alcanzar.

APRENDE SOBRE CUESTIONES DE DINERO

Lamentablemente, las personas no siempre aprenden los conceptos básicos de las finanzas personales de sus padres, y el sistema educativo actual tampoco las prepara de forma adecuada. De hecho, la Coalición JumpStart para la educación financiera personal (JumpStart Coalition for Personal Financial Literacy), cuya misión es mejorar la educación financiera de los adultos jóvenes, señala que el graduado de escuela secundaria promedio carece de habilidades fundamentales de administración del dinero y una comprensión básica de lo que significa ganar, gastar y ahorrar dinero. No es de extrañar que la mayoría de las personas cometan errores financieros entre los veinte y treinta años, que terminarán pagando durante la próxima década de sus vidas, o incluso más tiempo. Para evitar estos errores, debes aprender sobre las cuestiones básicas relacionadas con el dinero y cómo administrarlo de forma adecuada.

Dónde buscar ayuda

¿Por dónde empezar? Libros como este son una fuente de información confiable. Busca en tu biblioteca o librería local o en librerías en línea como Amazon usando palabras clave como «finanzas personales» o «administración del dinero». Las revistas financieras, como *SmartMoney*, *Barron's*, *Money* y *Kiplinger's Personal Finance*, son otra gran fuente de consulta. Algunas de ellas están dirigidas a inversionistas ávidos o interesados en noticias financieras del mundo empresarial, así que prueba con varias para ver si alguna ofrece lo que buscas. Si encuentras una revista con la que te conectes, considera suscribirte a ella.

Edúcate

Cuanto menos sepas sobre finanzas, más vulnerable serás a que se aprovechen de ti o a convertirte en víctima de estafas financieras. No todo lo que lees es cierto. Por eso es importante que encuentres fuentes de información confiables y que mantengas un escepticismo saludable hacia aquello que suene demasiado bueno para ser verdad.

Internet es una fuente de información casi ilimitada. Procura recurrir a sitios conocidos como NerdWallet, Kiplinger e Investopedia en lugar de sitios personales del tipo «así lo hice yo». Aunque este último tipo de sitio web a veces incluye información útil, pueden guiarte en la dirección equivocada con consejos o información cuestionables. En cambio, los sitios personales sobre cómo llevar una vida frugal, hacer recortes y reducir costos pueden ser excelentes para obtener ideas sobre cómo hacer lo mismo.

Todo está en la actitud

Las finanzas personales pueden parecer complicadas o aburridas cuando son vistas desde afuera. Puede ser desalentador ver todos esos números y términos desconocidos. Pero no permitas que esa sensación de temor o ansiedad te impida comprender de tu situación financiera personal y lo que puedes hacer para mejorarla. Piensa en el tiempo y esfuerzo que le dedicas a tu educación financiera como una inversión en un futuro más seguro a nivel económico. Te sentirás empoderado a medida que aprendas a tomar el control de tu dinero y tu futuro. Cuando logres ese control, podrás disfrutar de más libertad y seguridad financiera, con más opciones y capacidad para superar dificultades financieras. ¿Te parece aburrido eso?

LOS BENEFICIOS DE ELABORAR UN PRESUPUESTO

Tu hoja de ruta

Elaborar un presupuesto y cumplirlo es un paso fundamental para que puedas alcanzar tus metas. Los presupuestos nos pueden hacer pensar en hacer recortes y sacrificios, pero en realidad se trata de lo contrario: se trata de tener suficiente dinero para poder costear las cosas que deseas sin acumular deudas. Un presupuesto clásico consiste en establecer categorías de gastos, realizar un seguimiento de esos gastos, monitorear su progreso, hacer ajustes, eliminar las fugas de dinero y mantenerte motivado. Hay diferentes formas de lograr todo eso y debes encontrar la que mejor se adapte a tu situación. Las probabilidades de lograr el éxito financiero aumentan de forma sustancial después de elaborar un presupuesto. Al principio, requiere un poco de tiempo y esfuerzo, pero las recompensas son enormes.

TODO ES CUESTIÓN DE LIBERTAD

Presupuesto. Para algunas personas, la palabra evoca imágenes de sacrificios, mezquindad y privaciones. Al menos el 50 % de la creación de un presupuesto es mental, por lo que, si la palabra te hace temblar, enfócate en reemplazar esa imagen negativa por una positiva: un presupuesto significa poder comprar un automóvil nuevo, disfrutar de las vacaciones que siempre soñaste y una jubilación sin estrés. Si has tenido problemas para ajustarte a un presupuesto antes, es posible que ese sistema no haya sido adecuado para ti. El primer paso es elaborar un plan para cada dólar que ingresa, y saber a dónde quieres que vaya a parar ese dólar. Mirar en retrospectiva a dónde fue a parar tu dinero el mes pasado no es elaborar un presupuesto. Los presupuestos tienen que ver con el futuro.

¿Por qué es necesario elaborar un presupuesto?

En realidad, un presupuesto es un plan financiero. Elaborar ese plan es el primer paso y el más básico que puedes dar para que tu dinero comience a trabajar por ti.

Muchas personas que gastan más dinero del que ganan no toman consciencia de esto hasta que se encuentran profundamente endeudadas. Gastar dinero sin saber cuánto tienes disponible puede generar problemas financieros, sobre todo si usas tarjetas de crédito para cubrir tus gastos. Toma decisiones conscientes sobre tus gastos decidiendo de antemano cómo quieres usar el dinero en lugar de dejarlo al azar. Cuando gastas sin seguir un plan, no tienes control de tu dinero y puedes terminar con problemas financieros más allá de tu control.

Los beneficios de elaborar un presupuesto

Elaborar un presupuesto y hacerle seguimiento a tus gastos te permite ver a dónde va a parar tu dinero y cómo los gastos diarios o semanales que parecen intrascendentes pueden acumularse con el tiempo. Al realizar un seguimiento de tus gastos, puedes tomar decisiones conscientes sobre cómo gastar, ahorrar o invertir tu dinero. Esto puede significar la diferencia entre nunca tener suficiente dinero y poder acceder a las cosas realmente importantes para ti, como ahorrar para el anticipo de una casa, comprar un automóvil nuevo, saldar la deuda de la tarjeta de crédito, planificar tu jubilación o ahorrar para ese viaje a Cancún que siempre quisiste tomar.

Tener un presupuesto ajustable puede reducir considerablemente el estrés que generan los problemas de dinero en tu vida. Sabrás lo que puedes o no puedes pagar. Sentirás la seguridad de que podrás pagar las facturas cuando venzan, o sabrás de antemano que tendrás problemas, lo que te dará tiempo para buscar la manera de solucionarlos.

Los beneficios de un estilo de vida simple

El libro El millonario de la puerta de al lado, de Thomas J. Stanley y William D. Danko, demuestra que son los estilos de vida simples, y no los grandes ingresos, lo que hace posible que las personas comunes se conviertan en millonarios. Muchos estadounidenses compran una casa más cara de la que pueden costear con comodidad, conducen un automóvil último modelo, gastan grandes sumas en ropa, compran los últimos dispositivos electrónicos y terminan viviendo de sueldo en sueldo.

¿Cómo es un buen presupuesto?

Un buen plan de gastos debe ser flexible y realista. Es una hoja de ruta que ofrece caminos alternativos para llegar al destino, según las condiciones de tu camino personal. Debe ser dinámico, cambiando para adaptarse a tus necesidades. Si no tienes hijos, no usarías el mismo presupuesto que una persona que sí los tiene. Si vives en una vivienda alquilada, no usarías el mismo presupuesto que alguien que es dueño de su propia casa. La vida cambia, y también debería hacerlo tu presupuesto.

El nivel de complejidad de un sistema de elaboración de presupuesto adecuado debe reflejar el nivel de tiempo disponible e interés de cada uno. A algunas personas les encanta registrar los detalles. Si ese no es tu caso, escoge un método más sencillo para que la tarea no te resulte demasiado ardua. El objetivo es crear un sistema que te resulte cómodo durante mucho tiempo.

PERSONALIZA TU PRESUPUESTO

Para comenzar a calcular un presupuesto, es aconsejable crear una hoja de trabajo. Este libro proporciona algo de ayuda a tal fin, pero asegúrate de que las categorías que uses reflejen tu estilo de vida personal. Utiliza las categorías comunes básicas que se aplican a todas las personas, como vivienda, servicios públicos, seguros y alimentos, pero personaliza las otras categorías para adecuarlas a tu situación específica.

Tus categorías deben ser lo suficientemente detalladas para que te proporcionen información útil, pero no tanto como para que te abrumes con trivialidades. En primer lugar, haz una lista de todas tus fuentes de ingresos, asegurándote de usar la cantidad de dinero que realmente recibes (el ingreso neto, por ejemplo, en lugar del ingreso bruto):

- Ingresos de tus empleos
- Bonificaciones
- Ingresos de trabajos secundarios
- Manutención de hijos o pensión alimenticia
- Seguro social
- Ingresos por alquileres

- Ingresos por intereses
- Ingresos por dividendos
- Ingresos por ganancias de capital
- Otros ingresos

A continuación, haz una lista de las categorías de gastos que deseas incluir en tu seguimiento. Al principio, es conveniente incluir más detalles que menos. Si descubres que los gastos correspondientes a una categoría son tan pequeños que no se justifica su seguimiento por separado, puedes combinar categorías más adelante.

Estos son algunos ejemplos de categorías de gastos:

- Ahorros para emergencias
- Ahorros para la jubilación
- Hipoteca o alquiler
- Servicios públicos
- Gastos del automóvil
- Otros medios de transporte
- Pagos de tarjetas de crédito
- Pagos de préstamos estudiantiles
- Otros pagos de préstamos
- Mantenimiento del hogar
- Cuidado de niños
- Manutención de hijos o pensión alimenticia
- Seguros
- Gastos médicos personales
- Gastos de computadora
- Entretenimiento/recreación
- Salidas a comer/comestibles
- Ropa y calzado

- Regalos y donaciones
- Pasatiempos
- Productos para el hogar/cuidado personal
- Impuesto inmobiliario
- Inversiones
- Gastos en mascotas

No olvides incluir los gastos que incurres a lo largo del año, pero que no son gastos mensuales, como suscripciones, regalos navideños, regalos de cumpleaños, acuerdos de mantenimiento, reparaciones del automóvil, etc.

Piensa en tus hábitos personales (por ejemplo, comprar el almuerzo en el trabajo, salir a tomar algo con amigos) o pasatiempos (carpintería, esquí, navegación, golf, jardinería) para identificar otras categorías de gastos. Es posible que algunos de tus hábitos de gasto te sorprendan cuando los veas por escrito. Es normal. El hecho de identificarlos los pone bajo la lupa para poder tomar una decisión consciente respecto a ellos. El objetivo de elaborar un presupuesto no es hacer que te sientas mal o culpable por la forma en que gastas el dinero. Se trata de que te asegures de contar con el dinero necesario para gastar en las cosas que deseas.

Págate a ti mismo primero

La regla principal de las finanzas personales es pagarse a uno mismo primero. Haz de los ahorros tu categoría de gasto número uno y reserva una cantidad fija todos los meses para pagar las facturas. No planifiques los ahorros en función de lo que te queda después de haber pagado todo lo demás. Lo más probable es que no te quede nada.

COSTOS DE OPORTUNIDAD

El camino no tomado

Además de las oportunidades que pierdes en lo inmediato, es posible que pierdas también los intereses que podrías haber ganado ahorrando o invirtiendo ese dinero. Por otro lado, podrías terminar debiendo más dinero en intereses si no usas el dinero para terminar de pagar antes la deuda de la tarjeta de crédito u otros préstamos. De esa manera, gastar $100 podría terminar costándote cientos, incluso miles de dólares a largo plazo.

¿Buena o mala elección?

Los costos de oportunidad se refieren a todo aquello para lo que no puedes usar el dinero una vez que lo has gastado. Por ejemplo, si gastas $100 en una salida nocturna con tus amigos, no podrás ahorrar esos $100 para un automóvil nuevo ni usarlos para terminar de pagar más rápido tus préstamos estudiantiles. Se trata de las oportunidades que pierdes cuando gastas dinero. Pero eso no significa que gastar el dinero de esa manera haya sido una mala elección; solo significa que, una vez que gastaste el dinero, te pierdes la oportunidad de usarlo de otra forma.

AVERIGUA A DÓNDE VA A PARAR

Sigue la pista de tu dinero

Para elaborar un presupuesto que te resulte cómodo, debes establecer metas de gasto realistas en cada categoría. En primer lugar, averigua a dónde va a parar realmente tu dinero. Para empezar, reúne la mayor cantidad posible de facturas, estados de cuenta de tarjetas de crédito, estados de cuenta bancarios y recibos de los últimos seis a doce meses y suma tus gastos mensuales. No olvides incluir los montos que destinas a ahorro, incluidos los ahorros para la jubilación. A continuación, calcula tu remuneración neta mensual promedio (después de impuestos y otras deducciones) observando el valor de tu remuneración neta de los últimos seis meses. No incluyas montos que no conozcas, como bonificaciones de fin de año, comisiones o pago de horas extras. Incluye otros ingresos que recibes todos los meses, como dividendos o el seguro social. Se trata de calcular tus ingresos mensuales básicos, así que incluye sólo el dinero con el que siempre puedes contar.

CADA GASTO CUENTA

Además de tus gastos mensuales regulares, debes asegurarte de incluir los gastos ocasionales. Para los gastos que identificaste que se pagan de forma trimestral o anual (o con cualquier otra frecuencia que no sea mensual), calcula el costo anual y divídelo por doce para obtener el costo mensual. Incluye ese monto en los gastos mensuales para obtener una idea más precisa de a dónde va a parar tu dinero. En el caso de los gastos no mensuales que sabes con certeza que deberás afrontar (como consultas al dentista), reserva el monto mensual en una cuenta de ahorros para tenerlo a mano cuando lo necesites.

Para saber bien a dónde va a parar tu dinero, también deberás realizar un seguimiento de los gastos en efectivo. Conserva los recibos para registrarlos más tarde o, si pagas en efectivo, anota los gastos en una libreta. Cuanto más a menudo utilices un cajero automático, más importante será que anotes tus gastos en efectivo, ya que aquí es donde muchas personas pierden el control de a dónde va a parar su dinero. El seguimiento de los gastos en efectivo es uno de los aspectos más difíciles de la elaboración de presupuestos, pero también es una fuente común de fugas de dinero.

Seguimiento de gastos pequeños

La mayoría de las personas se sorprenden mucho cuando comienzan a hacer un seguimiento de sus gastos y ven en qué cosas gastan más dinero de lo esperado. Los pequeños gastos en efectivo pueden convertirse en sumas de dinero importantes al final del mes. Ese café que compras todos los días probablemente terminará costándote casi $600 al año. Tres paquetes de seis cervezas a la semana suman al menos $600 al año. Si fumas dos paquetes de cigarrillos al día, probablemente te costará más de $280 al mes, $3360 al año o $33 600 en diez años, ¡y eso sin tomar en cuenta el impacto de la inflación!

Encuentra formas cómodas de reducir costos

Una parte importante de la elaboración de un presupuesto es encontrar formas concretas y relativamente fáciles de reducir los costos. Fijarse un límite de

gastos sin pensar en cómo reducirlos terminará siendo una frustración cuando empieces a tener déficits mensuales. Piensa de qué te resultaría más fácil prescindir para que te quede más dinero en el bolsillo.

Encontrar formas de reducir los gastos

Una vez que hayas analizado tus gastos reales, comenzarás a ver un patrón y podrás identificar mejor en dónde puedes hacer ajustes con comodidad para empezar a ahorrar dinero. Considéralo como un proceso de autodescubrimiento. Si lo prefieres, puedes empezar haciendo un análisis profundo de las categorías de gasto más grandes y, luego, pasar a las categorías más pequeñas. Aunque podría parecerte que los gastos más pequeños serían los más fáciles de recortar, principalmente porque suelen ser más discrecionales, reducir los gastos más grandes puede tener un impacto mayor en tu presupuesto a largo plazo.

FIJA METAS DE GASTO POR CATEGORÍA

Una vez que consideres que sabes a dónde va a parar tu dinero y hayas identificado algunas formas de reducir costos en varias categorías, fija una meta de gastos mensuales realista para cada categoría. Comienza con los gastos fijos (aquellos que son iguales de mes a mes), como la hipoteca y el pago del automóvil. Luego, observa cada una de las categorías restantes del presupuesto y fija metas de gastos razonables, teniendo en cuenta lo que sabes sobre tus hábitos de gasto y qué cosas puedes recortar sin caer en privaciones.

Los beneficios de invertir

Si a los treinta años comenzaste a invertir $280 todos los meses en lugar de gastarlos en «antojos» (cosas que no necesitas, como comida para llevar y servicio de cable prémium), y ese dinero obtuvo un rendimiento promedio del 5 %, para cuando llegues a la edad de jubilarte (sesenta años) ¡tendrías más de $425 000! Piensa en todo lo que podrías hacer con ese dinero.

Calcular los ingresos netos

Cuando hayas fijado una meta tentativa para cada categoría, suma los totales de las categorías de ingresos y gastos. A continuación, resta los gastos totales de los ingresos totales para obtener tus ingresos netos. Este número podría ser negativo. Si el resultado es positivo, significa que tienes dinero disponible para realizar pagos adicionales a tus tarjetas de crédito, adelantar el pago de otras deudas (como préstamos estudiantiles), aumentar tus aportaciones a tu plan de jubilación y trabajar en tus otras metas financieras. Haz un plan con lo que sea que te sobre. Es fácil gastar el dinero extra que queda en una cuenta corriente común.

Si el resultado es negativo, significa que los gastos planificados son mayores que tus ingresos. No te desanimes: reevalúa tus ingresos y tus gastos. Para mejorar tu situación, puedes aumentar tus ingresos y reducir todos los gastos que puedas.

MONITOREA TU PRESUPUESTO

Ajústalo y reevalúalo

Una vez que hayas elaborado un presupuesto y lo estés siguiendo (o al menos intentándolo), el próximo paso es ajustarlo. El primer presupuesto es como un borrador y es posible que debas hacer algunos cambios para adaptarlo mejor a la forma en que recibes y gastas el dinero. Además, la vida cambia constantemente y es necesario que el presupuesto cambie con ella.

HACER AJUSTES

Si descubres que has gastado más de lo que habías presupuestado para el mes, no te desesperes. Utiliza la información como una herramienta de aprendizaje para mejorar tu presupuesto en el futuro. Tu presupuesto se irá optimizando mes a mes y cada vez te resultará más fácil administrar tu dinero y trabajar para alcanzar sus metas. Si después de uno o dos meses descubres que hacer un seguimiento de todos los gastos te da demasiado trabajo, considera la posibilidad de combinar algunas categorías, como gastos domésticos diversos o servicios públicos, para reducir el mantenimiento de registros en lugar de darte por vencido.

Cuando reajustes las categorías, busca áreas en que puedas ahorrar dinero. Recuerda que la idea no es privarse de cosas, sino destinar la mayor cantidad posible de dinero hacia las metas que son más importantes para ti. A medida que cambie tu situación personal, refleja esos cambios en el presupuesto. Estos son algunos ejemplos de cambios que deberían dar pie a un ajuste del presupuesto:

- cambio de estado civil
- cambio en la cantidad de miembros de la familia
- un nuevo empleo
- aumento (o disminución) salarial
- un nuevo hogar
- discapacidad o enfermedad crónica
- pérdida del empleo
- una compra importante que requiere pagos mensuales

ELIMINA LAS FUGAS DE DINERO

Las fugas de dinero pueden ser consecuencia de compras impulsivas, membresías no utilizadas, comisiones bancarias y otros gastos pequeños que suman un número grande a fin de mes. Los gastos impulsivos, o comprar cosas que en realidad no querías hasta que las viste, suelen ser resultado de poderosos mensajes publicitarios que son tan atractivos que te llevan a comprar cosas que no necesitas y, a menudo, terminas sin usar. Las membresías olvidadas (como el gimnasio o un servicio de *streaming*) con débito automático van drenando tu presupuesto todos los meses, aunque nunca las uses. Las comisiones bancarias pueden sumar un monto importante, así que asegúrate de estar al tanto cada vez que el banco retira dinero de tu cuenta.

Las compras impulsivas pueden aumentar rápidamente los saldos de las tarjetas de crédito y dejarte endeudado durante mucho tiempo. Planifica las compras y no compres nada en el momento que no tenías planeado de antemano. Si hay algo que sientes que realmente quieres tener, piénsalo durante al menos dos días y, si aún deseas comprarlo, asegúrate de tener suficiente efectivo para cubrir el costo y compara precios antes para no pagar de más.

Las pequeñas fugas de dinero

La compra de comestibles es un área que se presta fácilmente a la reducción de costos. ¿Compras muchos alimentos preparados en lugar de cocinar? Cuando estás demasiado ocupado para cocinar, hay un término medio entre el costo y la conveniencia de los alimentos preparados. Los refrigerios son otro rubro costoso, en especial si compras paquetes de una sola porción para los almuerzos escolares de los niños. Considera la opción de comprar envases de tamaño familiar y luego guardarlos en bolsitas en porciones individuales para ahorrar dinero. Otros consejos para reducir costos que puedes considerar son comprar marcas genéricas y usar cupones siempre que sea posible.

Busca ofertas en tecnología

Busca ofertas en servicios de teléfono e internet dos veces al año. Las empresas de medios cambian constantemente sus planes y podrías ahorrar una gran cantidad de dinero. Asegúrate de leer la letra chica y hacer preguntas específicas.

Si salir a comer es parte de tu estilo de vida en lugar de un gusto que te das de vez en cuando, considera la posibilidad de reducir las comidas en restaurantes y preparar más comidas en casa. Limita las salidas a restaurantes a una o dos veces al mes. Esas comidas se sentirán como ocasiones especiales y terminarás gastando menos dinero.

¿Cuál es el deducible del seguro de tu automóvil? Debería ser al menos $250, y si tienes buenos antecedentes como conductor, $500 es aún mejor. Para determinar el costo específico de pagar un seguro más alto por un deducible más bajo es necesario tener en cuenta la probabilidad de tener un accidente. Si el automóvil tiene más de ocho años, considera eliminar la cobertura de colisión por completo y quédate simplemente con la cobertura de responsabilidad civil. El costo de la cobertura de colisión de un automóvil que vale solo unos pocos miles de dólares es desproporcionado frente al beneficio que recibes, sobre todo si tienes buenos antecedentes como conductor.

Éstas son tan solo algunas ideas para tener en cuenta a la hora de reducir costos. Cuando analices cada artículo en tu presupuesto y estado patrimonial, cuestiona todo y mira las cosas desde una perspectiva diferente. Busca maneras de ahorrar en los gastos más grandes: al recortarlos, liberarás más dinero en el presupuesto que si redujeras una serie de gastos pequeños.

ELIMINA LAS FUGAS DE DINERO

El panorama general

Una vez que hayas revisado los gastos e identificado algunas pequeñas fugas de dinero que puedes eliminar sin problemas, comienza a buscar las fugas más grandes. Revisa gastos importantes como tu hipoteca, los pagos del automóvil, otros pagos de deudas, impuestos y pólizas de seguro. Es posible que haga falta un poco más de esfuerzo para reducir estos gastos, pero la recompensa valdrá la pena cuando tengas más cabida en el presupuesto para las cosas que son importantes para ti.

Servicios bancarios gratuitos

En la actualidad, la mayoría de los bancos ofrecen servicios bancarios en línea sin cargo, y programas y aplicaciones de finanzas personales gratuitos. Para consultar tus transacciones y cheques, solo tienes que ingresar a tu cuenta. También puedes vincular esta información a tus aplicaciones de finanzas personales y asignar una categoría a cada transacción de ingresos o gastos. Cuando desees más detalles, solo tienes que hacer clic en un botón para obtener un informe.

¿Cómo puede un programa facilitar la elaboración de presupuestos?

Con programas y aplicaciones de finanzas personales puedes conciliar la chequera, pagar facturas, realizar un seguimiento de los ahorros e inversiones y elaborar presupuestos. Tendrás acceso a informes instantáneos para cosas como una comparación del presupuesto planificado con los gastos reales por categoría, tu patrimonio neto y un resumen breve de tus finanzas en general.

Los programas y las aplicaciones de finanzas personales, como Quicken, facilitan la administración y el seguimiento de las finanzas. No es necesario lidiar con el ingreso de datos, que requiere mucho tiempo: puedes vincular directamente todas tus cuentas bancarias, tarjetas de crédito y cuentas de inversión, y la aplicación o el programa se encargará de hacer el trabajo por ti.

Compara precios

Muchos programas y aplicaciones de finanzas personales populares ofrecen versiones gratuitas o de prueba para principiantes, con actualizaciones pagas para acceder a funciones adicionales. Esto te permite probarlos para ver cuál funciona mejor para ti. Todos ellos automatizan los ingresos y realizan un seguimiento de los gastos. Algunas de las mejores opciones para probar incluyen Simplifi de Quicken, Personal Capital y YNAB (You Need a Budget).

Dónde encontrar aplicaciones y programas de finanzas personales

Para probar Simplifi de Quicken, visita www.simplifimoney.com; para Personal Capital, visita www.personalcapital.com; para YNAB, ve a www.youneedabudget.com. Para obtener la versión completa del programa Quicken, visita www.quicken.com.

Un programa como Quicken tiene muchas funciones que quizás no uses de inmediato, pero es una buena opción para los principiantes que solo quieren hacer operaciones bancarias en línea, conciliar automáticamente sus estados de cuenta bancarios, realizar un seguimiento de los gastos, elaborar presupuestos, prepararse para la temporada de impuestos y consultar los informes. La función de comparación del presupuesto con los gastos reales por sí sola justifica la inversión.

El presupuesto no te dará resultados a menos que te ajustes a él. Una de las claves para mantener la motivación es evitar que el proceso de elaboración de presupuestos sea demasiado complejo o requiera mucho tiempo. Si estás elaborando un presupuesto para la familia, tómalo como una actividad familiar y haz participar a todos los integrantes de alguna manera. Es una excelente forma de presentarle a tus hijos algunos conceptos básicos sobre el dinero. Recompénsate por alcanzar tus metas de ahorro y gastos y por progresar en el pago de deudas.

Una de las cosas más gratificantes de hacerle seguimiento a tus finanzas es ver el progreso que vas logrando cada mes. Para facilitar esta tarea, utiliza programas y aplicaciones de finanzas personales, ya que ofrecen una variedad de tablas, gráficos e informes que se pueden ver en tiempo real.

Ten siempre presente la importancia de tus metas reales. El presupuesto es tan solo una herramienta que te ayuda a controlar a dónde va a parar tu dinero y cuánto gastas para que puedas destinar ese dinero a cosas que son más importantes para ti.

Capítulo 2

Cómo y por qué ahorrar dinero

Los ahorros son la base de la libertad y seguridad financiera. Aunque consideres que no hay cabida en tu presupuesto para el ahorro, es importante que comiences a hacerlo de todos modos. Ahorrar tan solo $5 al mes es mejor que no ahorrar nada y, además, te ayudará a desarrollar el hábito del ahorro. Cualquier monto que hayas ahorrado te resultará de ayuda en un momento de crisis o necesidad financiera. Pero el primer paso es elaborar un plan de ahorro y dar a los ahorros la máxima prioridad en tu presupuesto de gastos.

EL MILAGRO DE LA CAPITALIZACIÓN DE INTERESES

Cómo crece tu dinero

La capitalización de los intereses es la forma en que el dinero crece por sí solo y la principal razón por la que debes comenzar a ahorrar lo antes posible. El tiempo es tu mejor aliado para la capitalización de intereses, ya que más tiempo significa mucho más dinero. Esto es particularmente cierto en el caso de ahorros a largo plazo, como los ahorros para la jubilación. Las personas que esperan hasta los cuarenta o los cincuenta años para empezar a ahorrar tendrán que ahorrar mucho más que las que comenzaron a los veinte.

Hay dos métodos básicos para calcular el interés: interés simple e interés compuesto. El interés simple se aplica únicamente sobre la inversión inicial. Por ejemplo, si tienes $1000 que generan un interés simple del 5 % anual, cada año, tu cuenta aumentaría $50. Con el interés compuesto, recibirás intereses sobre la inversión más los intereses que ya recibiste. Por ejemplo, si tienes $1000 que generan un interés del 5 % compuesto anualmente, ganarías $50 ($1000 × 0,05) el primer año. El segundo año, ganarías intereses sobre tu nuevo saldo de $1050, por lo que ese año los intereses sumarían $52,50 ($1050 × 0,05). Cada año ganarías interés sobre los intereses que ya recibiste, lo que contribuiría a que tu dinero crezca mucho más rápido. El efecto que puede tener la aplicación del interés compuesto (o capitalización de los intereses) durante un periodo prolongado es asombroso, sobre todo con inversiones iniciales más grandes y tasas de rendimiento más altas.

Capitalización de intereses

Para ilustrar el verdadero poder de la capitalización de intereses, imagina que inviertes $1000 al 5 % de interés compuesto anual. Al cabo de diez años, tendrías $1646. Al cumplirse veinte años, tu cuenta tendría un valor de $2712. Y después de cuarenta años, tendrías $7358. Esos $6358 adicionales son el resultado de que tu dinero esté trabajando más para ti.

LA FRECUENCIA DE LA CAPITALIZACIÓN

Por lo general, las ganancias sobre las cuentas de ahorros e inversión se capitalizan de forma anual, trimestral o mensual. Cuanto más frecuente sea la capitalización, más rápido crecerá tu dinero. Supongamos que depositas $5000 en una cuenta que genera un interés del 10 %. Este sería el valor de tu inversión al cabo de diez años para diferentes intervalos de capitalización (sin que agregues más dinero):

- Capitalización anual: $12 968
- Capitalización trimestral: $13 425
- Capitalización mensual: $13 535

Para ilustrar el efecto de un tiempo de capitalización más prolongado, considera el caso de Bill, quien aportó $2000 a una cuenta IRA con un interés del 6 % desde los veintidós años y continuó aportando cada año hasta los treinta y nueve. Para los sesenta y cinco años, su inversión de $34 000 había crecido a alrededor de $362 000. Su amigo Jim aportó $2000 cada año durante treinta y cinco años, por un total de $70 000, pero como comenzó a los treinta y un años, sus ahorros solo llegaron a alrededor de $180 000. A pesar de que aportó mucho más que Bill ($70 000 frente a los $34 000 de Bill), terminó acumulando aproximadamente un 50 % menos de dinero.

LA REGLA DEL 72

La regla del 72 es un ingenioso cálculo matemático que puedes usar para estimar cuánto tiempo tardará una cierta suma de dinero en duplicarse a una determinada tasa de interés (suponiendo la capitalización anual del interés).

El cálculo es sencillo

Para calcular cuánto tardaría en duplicarse tu inversión, divide 72 por la tasa de interés o la tasa de rendimiento prevista (en el caso de ganancias que no provengan de intereses, como los dividendos o las ganancias de capital). El resultado es la cantidad de años que tardará tu dinero en duplicarse, suponiendo que reinviertas las ganancias. Si tu dinero genera un rendimiento del 8 % anual, haz el breve cálculo siguiente: 72 ÷ 8 = 9. Esto significa que tu inversión inicial tardará aproximadamente nueve años en duplicarse.

También puedes usar la regla del 72 para estimar qué tasa de rendimiento deberías ganar para que tu dinero se duplique en una cierta cantidad de años; por ejemplo, diez años: 72 ÷ 10 = 7,2, por lo que necesitarías ganar un 7,2 % anual para que tu dinero se duplique al cabo de diez años.

¿Cuántas veces se duplicará tu dinero?

El poder de la regla del 72 no se detiene ahí. Es un ejemplo de lo importante que son las diferencias en las tasas de rendimiento, ya que cuanto menor sea la tasa de rendimiento, más tiempo tardará tu dinero en duplicarse, y la verdadera clave para hacer crecer tu dinero es duplicarlo la mayor cantidad de veces posible. Mira este ejemplo de $100 duplicados ocho veces:

$100
$200
$400
$800
$1600
$3200
$6400
$12 800
$25 600

Como puedes ver, el verdadero crecimiento tiene lugar después de que el dinero se ha duplicado varias veces. Aplicando la regla del 72, puedes calcular cuánto dinero tendrás para una determinada fecha y comparar los efectos a largo plazo de las tasas de interés en tus diferentes inversiones.

Duplica los ahorros, no las deudas

Puedes usar la regla del 72 para ver cuánto tiempo tardará en duplicarse la deuda de tu tarjeta de crédito u otras deudas. Si en tu tarjeta de crédito tienes un saldo deudor de $5000 sujeto a una tasa de interés del 10 %, la deuda se duplicará en 7,2 años, suponiendo que no realices pagos ni cargos adicionales. Si la tasa de interés es del 19 %, tu deuda se duplicará en 3,8 años. Puedes ver por qué es tan difícil pagar la deuda de una tarjeta de crédito, sobre todo si la tasa de interés es alta.

LA INFLACIÓN NO ES TU ALIADA

Carcome tus ahorros

La inflación es el efecto del aumento de los precios en el poder adquisitivo. La inflación no suele incluirse en la ecuación para calcular cuánto dinero tendrás disponible en algún momento del camino, pero puede deteriorar considerablemente el poder adquisitivo de tu dinero. En los Estados Unidos, la tasa de inflación anual promedio desde 1990 ha sido de aproximadamente el 2,5 %. Desde 1990, el precio de los bienes y servicios ha aumentado un 106 %, por lo que un artículo que costaba $100 en 1990 cuesta $206 en 2020. Dado que gran parte de la planificación financiera se realiza con una meta de varios años en el futuro, es importante considerar el impacto de la inflación al determinar cuánto dinero necesitarás al jubilarte, por ejemplo.

Los efectos de la inflación

Tu salario de $30 000 de este año tendrá un poder adquisitivo de tan solo $28 800 el próximo si la inflación es del 4 %. Si tienes suerte, recibirás un aumento salarial anual que por lo menos refleje la tasa de inflación; de lo contrario, cada año perderás más poder adquisitivo.

Puedes aplicar la regla del 72 para estimar el poder adquisitivo real de una suma de dinero en algún momento en el futuro, teniendo en cuenta la inflación. Si la tasa de inflación es del 4 %, los precios se duplicarán en dieciocho años (72 ÷ 4 = 18), por lo que si tienes pensado jubilarte dentro de dieciocho años y necesitas $3000 por mes en dinero de hoy, necesitarías $6000 por mes para conservar el mismo poder adquisitivo que tienes actualmente.

EL VALOR DEL DINERO EN EL TIEMPO

El valor del dinero en el tiempo es un concepto financiero básico basado en la suposición de que un dólar que recibes hoy vale más que un dólar que recibas en una fecha futura porque el dólar de hoy se puede invertir y generar intereses. Si alguien ofreciera pagarte $1000 dentro de diez años o un monto menor hoy, podrías calcular el monto que tendrías que recibir hoy para que sea igual o superior a $1000 en diez años y decidir qué opción te conviene. Para hacer el cálculo, debes utilizar las tasas de interés actuales. Por ejemplo, si la tasa de interés actual es del 3 %, podrías estar dispuesto a aceptar $744 hoy en lugar de esperar diez años para recibir los $1000 porque confías en que las tasas de interés se mantendrán estables o aumentarán durante los próximos diez años.

CREA UN FONDO PARA EMERGENCIAS

Tu dinero de reserva

Todo el mundo debería contar con un fondo para emergencias, pero para saber cuánto dinero deberías tener en ese fondo debes conocer tus gastos mensuales básicos. Por lo general, los asesores financieros recomiendan tener una cuenta de fácil acceso con una cantidad de ahorros suficiente para cubrir los gastos de manutención durante un periodo de tres a seis meses, pero la situación no es igual para todos. Según la cantidad de personas que trabajen en tu hogar y tus otras fuentes de efectivo, tu familia podría necesitar tener el equivalente a más de seis meses de gastos en la cuenta de ahorros para emergencias. Contar con esta red de seguridad financiera te dará tranquilidad al saber que podrás afrontar tus obligaciones financieras más básicas en caso de enfermedad, pérdida del empleo, gastos no planificados, como reparaciones importantes en la casa o el automóvil, o costos médicos no cubiertos por el seguro. Tener un fondo para emergencias es particularmente importante en caso de incertidumbre sobre tu empleo y el mercado laboral.

Cuando cuentas con un presupuesto, puedes calcular fácilmente cuánto dinero necesitarías para cubrir los gastos básicos de manutención, sin lujos, si de repente perdieras tu fuente de ingresos. Escribe cuál es tu meta con respecto al fondo para emergencias y decide qué cantidad de dinero aportarás cada mes, aplicando la regla de «págate a ti mismo primero». Mantén el fondo en una cuenta separada, como una cuenta del mercado monetario (no un fondo del mercado monetario, que no está asegurado por la FDIC), para que sea menor la tentación de recurrir a él en casos que no sean de emergencia. Dado que puedes llegar a tener que recurrir a los fondos para emergencias sin previo aviso, debes depositarlos en cuentas líquidas que te permitan acceder a ellos rápidamente.

LO DIVERTIDO DE LA FRUGALIDAD

No te desanimes si sientes que no te sobra dinero para ahorrar. Si desarrollas un presupuesto realista y te fijas metas de gastos y ahorros—y las cumples—, puedes generar dinero para ahorrar, aunque al principio sea muy poco.

Decide qué porcentaje de tus ingresos asignarás al ahorro. Los planificadores financieros sugieren un 10 %, pero si el 5 % o el 2 % es todo lo que puedes ahorrar en este momento, empieza con eso. No cometas el error de pensar que, si no puedes ahorrar una suma grande de dinero de una sola vez, no vale la pena intentarlo. Nada podría estar más lejos de la verdad. Si ahorraras $25 al mes con un interés del 2 %, en cinco años tendrías $1578. Si ahorraras $100 al mes con un interés del 2 %, en cinco años tendrías $6312 y en diez años $13 282.

Estrategias para potenciar tus ahorros

Abre una cuenta de ahorros separada. Si mezclas los fondos para los gastos de todos los días con tus ahorros, es prácticamente inevitable que termines gastando la totalidad o una parte de ellos, y es posible que nunca los repongas. Además, hay un factor mental. Ver crecer el saldo de tus ahorros mes a mes y cómo tus metas financieras se van haciendo realidad es muy motivador.

Si tu empleador te deposita directamente el salario y te permite dividir el depósito entre varias cuentas, considera la posibilidad de deducir un monto fijo en cada periodo de pago para depositarlo en tu cuenta de ahorros. Es mucho más fácil ahorrar cuando no es necesario que el dinero pase por la cuenta corriente antes de llegar a la cuenta de ahorros. Si no tienes esta opción en el trabajo, configura una transferencia automática a la cuenta de ahorros. Las cuentas bancarias en línea te permiten hacerlo de forma gratuita, incluso los depósitos de dinero proveniente de otro banco. Después de un tiempo, a medida que ajustes el presupuesto y los gastos, ni siquiera echarás de menos el dinero que deposites en tu cuenta de ahorros.

Aporta el dinero que recibas de forma imprevista a tus ahorros en lugar de gastarlo. Las bonificaciones, devoluciones de impuestos, reembolsos, horas extras, ingresos provenientes de pasatiempos o ventas de garaje, obsequios en efectivo de la familia, ganancias de la lotería y otro dinero en efectivo que recibas esporádicamente pueden ayudarte a alcanzar más rápido tus metas sin que tengas que hacer recortes de gastos adicionales. Cuando recibas un aumento salarial, ahorra la totalidad o parte del aumento en cada periodo de pago y continúa viviendo con tu salario anterior. Cuando termines de pagar un préstamo, continúa reservando el monto que pagabas cada mes, pero deposítalo en tu cuenta de ahorros en lugar de pagarle al banco o a la entidad financiera. Como ya tienes incorporado el hábito de prescindir de ese dinero, ni siquiera lo echarás de menos.

No seas víctima de la publicidad

Con un plan de gastos, no es necesario que te prives de las cosas que realmente quieres, pero debes preguntarse si realmente las quieres. Los expertos recomiendan seguir estas estrategias:

- No pienses en las compras como una forma de recreación.
- No compres por impulso.
- Si hay artículos que realmente necesitas o deseas, busca ofertas especiales y rebajas.
- Compra en tiendas de venta directa de fábrica o de descuento y sitios web.
- Antes de comprar electrodomésticos, productos electrónicos, equipos informáticos y otros artículos costosos, consulta Consumer Reports u otras revistas que publican reseñas de consumidores.
- Haz algunas de tus compras en un club de almacén si hay alguno por tu zona.

Reseñas de productos

Puedes encontrar reseñas de productos y comparaciones de costos en línea, pero debes asegurarte de que la fuente sea confiable e imparcial. Un sitio recomendable es www.consumerworld.org, que incluye reseñas de productos, comparaciones de precios, ofertas de pasajes aéreos y viajes, y muchos otros recursos para el consumidor.

Evita la resaca navideña

Si eres como la mayoría de las personas, seguramente se te va la mano con los gastos navideños, pero puedes evitar gastar de más en regalos fijándote límites. Usando tu presupuesto, calcula cuánto puedes gastar realmente en regalos sin endeudarte. Haz una lista de todas las personas a las que te gustaría regalarles algo, incluyendo pequeños obsequios para las niñeras, maestros, repartidores de periódicos, etc. Establece un límite para cada persona de la lista.

Luego, suma todos los montos y asegúrate de que no excedan tu límite de gastos general. Procura dejar algo de reserva para artículos de último momento o en caso de fluctuaciones en los precios.

Usa internet para ser ahorrativo

Internet es una rica fuente de consejos para ser ahorrativo. Aunque a veces esta palabra puede tener una mala connotación, simplemente significa aprovechar al máximo los recursos disponibles. Es asombrosa la cantidad de maneras en que se pueden recortar los costos y ahorrar dinero. Navega un poco por la web y encontrarás cientos de ideas que han funcionado para otras personas. ¡Ser ahorrativo puede ser divertido!

POTENCIA TUS AHORROS

Encuentra los gastos innecesarios

Quizás pienses que no hay gastos innecesarios en tu presupuesto, pero si te fijas bien, seguramente encontrarás alguno. Plantéate la tarea de recortar gastos como si fuera un desafío o un juego. Si cortas el servicio de cable y recurres a una o dos plataformas de *streaming*, podrás acceder a una gran cantidad de contenido a un costo mucho menor. Piensa en cambiar tu automóvil por otro más pequeño; los autos menos caros suelen tener costos más bajos de reparación, mantenimiento y seguro, e incluso pueden ahorrarte gasolina.

Considera la posibilidad de comprar artículos usados en lugar de nuevos, en especial si vas a dedicarte a un nuevo pasatiempo. Consulta lugares como Craigslist, la aplicación Letgo y Facebook Marketplace si buscas equipos de ejercicio, vehículos, instrumentos musicales, productos electrónicos, etc. A menudo, se pueden encontrar excelentes gangas por artículos prácticamente nuevos.

AHORRAR PARA COMPRAS GRANDES

Ahorrar para realizar compras grandes en lugar de comprar a crédito tiene varios beneficios, pero el principal es que gastarás menos. Básicamente, las opciones son estas: puedes hacerte pagos mensuales a ti mismo (con la posibilidad de ganar intereses) antes de hacer la compra, o bien puedes efectuar la compra y hacerle pagos mensuales a otra persona, que te cobrará intereses. Además, esperar a realizar una compra más grande hasta que puedas pagarla te dará tiempo de sobra para pensar bien si se trata de algo que realmente necesitas o deseas comprar. Si te apresuras y compras el artículo con tarjeta de crédito o pides un préstamo, quedarás comprometido a hacer pagos por un periodo prolongado, y el artículo terminará costándote mucho más debido a los cargos por intereses.

Consumer Reports

Consumer Reports incluye reseñas sobre todo, desde electrodomésticos hasta colchones, productos electrónicos y automóviles. La empresa no acepta publicidad ni patrocinios, por lo que puedes confiar en la información y las evaluaciones que publican. Suscríbete a su sitio web (www.consumerreports.com) por $39 al año o $10 al mes.

¿QUÉ TIPO DE BANCO NECESITAS?

Infórmate sobre quién tiene tu dinero

Es posible que tengas una cuenta corriente y quizás una cuenta de ahorros, pero es probable que no pienses mucho en el impacto que tienen los bancos en tus finanzas. Estar bien informado sobre cómo funcionan los bancos puede ayudarte a ahorrar dinero. Es posible que te sorprenda saber cuánto te están costando tus acuerdos y hábitos bancarios.

ELIGE UN BANCO O UNA COOPERATIVA DE CRÉDITO

Elegir un banco puede tener un mayor impacto en tus finanzas del que podrías percatarte al principio. Los factores importantes que debes tener en cuenta a la hora de elegir incluyen conveniencia, acceso gratuito a cajeros automáticos, plataforma de banca en línea y comisiones (que pueden acumularse rápidamente e ir vaciando tu cuenta). Muchos bancos cobran comisiones mensuales a menos que mantengas un saldo mínimo o uses la opción de depósito directo de salarios. También pueden cobrarte cargos si recurres a un cajero del banco para hacer una operación (en lugar de usar una aplicación o un cajero automático) o si usas cajeros automáticos de bancos «ajenos» (es decir, que no pertenecen a su red). Prácticamente todas las instituciones financieras cobran un cargo por cheques rechazados (emitidos por ti o depositados), por suspender el pago de un cheque y por sobregiros sobre tu cuenta.

Revisa tu estado de cuenta

Revisa los estados de cuenta de tu banco y tarjetas de crédito todos los meses. De esta manera, podrás detectar enseguida errores, comisiones que no sabías que te estaban cobrando y cargos que no te corresponden. Cuanto más rápido notes un problema, más fácil será resolverlo.

Piensa en tus hábitos bancarios y en lo que quieres que tu banco haga por ti. Identifica los servicios que consideres más importantes, compara las comisiones de esos servicios entre varios bancos y, luego, elige el banco que cubra tus necesidades al mejor precio. Si recurres a un cajero automático para retirar efectivo de tu cuenta todas las semanas, por ejemplo, no te conviene elegir un banco que no tenga cajeros automáticos cerca de tu casa o de tu trabajo o uno que aplique un cargo exorbitante por realizar transacciones en cajeros automáticos. Puedes usar un banco tradicional en tu barrio o un banco que solo opere en línea.

Otra elección importante es decidir entre una cooperativa de crédito y un banco tradicional. Los bancos son propiedad de los inversionistas; las cooperativas de crédito son propiedad de los clientes, que se consideran miembros, y están controladas por estos. Las cooperativas de crédito son organizaciones sin fines de lucro y devuelven los ingresos excedentes a los miembros en forma de tasas de interés más bajas en los préstamos, tasas de interés más altas sobre los depósitos o servicios gratuitos o de bajo costo. Los bancos, en especial los grandes bancos nacionales, pueden dar prioridad a las ganancias y a los accionistas; las cooperativas de crédito, en cambio, dan prioridad a sus miembros-clientes.

Tanto los bancos como las cooperativas de crédito ofrecen cuentas aseguradas y totalmente respaldadas por el Gobierno de los Estados Unidos. Esto te garantiza que tus cuentas estarán protegidas hasta por $250 000 en cada institución financiera participante. Los bancos cuentan con el respaldo de la Corporación Federal de Seguro de Depósitos (Federal Deposit Insurance Corporation, FDIC); las cooperativas de crédito están cubiertas por la Administración Nacional de Cooperativas de Crédito (National Credit Union Administration, NCUA).

Las cuentas conjuntas (cuentas con dos titulares) están protegidas hasta $500 000 ($250 000 para cada titular) y se consideran separadas de cualquier cuenta que tenga cada titular a su propio nombre. Eso significa que estarías asegurado hasta $250 000 en las cuentas que se encuentran solo a tu nombre y por la mitad en el caso de una cuenta conjunta asegurada hasta $500 000. Las cuentas de jubilación, como las IRA, también se manejan por separado a los efectos de la protección de $250 000 de la FDIC. Por ejemplo, una pareja casada podría tener las siguientes cuentas protegidas por la FDIC en el mismo banco:

1. $250 000 a nombre del esposo
2. $250 000 a nombre de la esposa
3. $500 000 en una cuenta conjunta entre marido y mujer
4. $250 000 en una cuenta IRA para el esposo
5. $250 000 en una cuenta IRA para la esposa

¡Eso significaría una protección por un total de $1 500 000 en una sola institución financiera!

Cerciórate de que tu banco esté asegurado

¿Cómo puedes cerciorarte de que un banco o cooperativa de crédito estén asegurados por el Gobierno? La amplia mayoría están asegurados, pero algunos no, por lo que vale la pena verificarlo. Ve al sitio web de la FDIC en www.fdic.gov/espanol, haz clic en «BankFind» e ingresa el nombre del banco y el estado donde se encuentra o su URL. (Ten en cuenta que la herramienta «BankFind» y sus resultados solo están disponibles en inglés.) Para cooperativas de crédito, visita www.ncua.gov o espanol.mycreditunion.gov.

BANCA EN LÍNEA

La banca en línea te permite administrar tu dinero a través de internet, en el momento y el lugar que quieras. Puedes ver todas tus transacciones bancarias, mover dinero, ver e imprimir cheques cancelados y pagar facturas en línea. También puedes configurar notificaciones de cheques pagados o de saldo inferior a un mínimo predeterminado. Muchas cuentas de ahorros solo disponibles en línea ofrecen tasas de interés más altas que los bancos tradicionales.

El principal beneficio de la banca en línea es la comodidad. Puedes acceder a tus cuentas y realizar transacciones desde cualquier lugar y en cualquier momento. También puedes automatizar las transacciones para fortalecer tus ahorros o asegurarte de pagar las facturas a tiempo todos los meses.

Aplicaciones bancarias

Las aplicaciones de banca móvil aportan aún más comodidad que la banca en línea. Con estas aplicaciones, que son ofrecidas por muchos bancos y cooperativas de crédito, puedes administrar tu dinero desde tu teléfono inteligente, sin importar dónde te encuentres.

Estas aplicaciones te permiten depositar cheques de forma remota, por lo que no necesitas ir al banco o al cajero automático. Con la aplicación de banca móvil, puedes realizar prácticamente cualquier operación bancaria, incluyendo:

- Transferencias
- Pago de facturas
- Consulta de saldo
- Verificación de transacciones
- Denuncias de fraude

¿Qué es lo único que estas aplicaciones no pueden hacer? Darte dinero en efectivo. Sin embargo, pueden indicarte dónde queda el cajero automático o banco físico más cercano para que puedas obtener el efectivo que necesitas enseguida.

Además, las aplicaciones de pago como PayPal, Zelle y Venmo permiten transferir dinero de forma rápida y sencilla a otras personas. Puedes usar estas aplicaciones para hacer de todo, desde compras seguras en línea hasta dividir un cheque para pagar una cena con amigos y enviar y recibir dinero de inmediato. Puedes vincular estas aplicaciones a cuentas bancarias y cuentas de tarjetas de crédito para pagar de la forma que te resulte más conveniente en cada caso.

PROTECCIÓN BANCARIA

Mantén protegido tu dinero

La banca en línea es en realidad más segura que los métodos de banca tradicionales. El uso de la tecnología reduce la probabilidad de errores e incluso de fraude, siempre que seas sumamente cauteloso con tus credenciales de inicio de sesión y contraseñas, y nunca uses la red de wifi pública para acceder a cuentas financieras personales. Además, cada transacción se puede rastrear en detalle.

Para manejarte de forma segura en línea, es necesario estar atento, ya que los estafadores se las ingenian para acceder a tu dinero con nuevas estratagemas todos los días. Cualquier cosa que parezca sospechosa probablemente lo sea; sin embargo, puedes evitar convertirte en una víctima si estás atento a las estafas más comunes, como el phishing (la suplantación de identidad). Esta estafa consiste en enviarte un correo electrónico haciéndose pasar por tu banco para pedirte que actualices la información de tu cuenta. El enlace incluido en el correo electrónico te llevará a un sitio web que te pedirá tus datos personales, números de cuentas bancarias, nombres de usuario y contraseñas. Pero, en realidad, no se trata del sitio web de tu banco, aunque se parezca. Tu banco nunca te pedirá información financiera personal en un correo electrónico, así que si recibes un correo electrónico como este, elimínalo sin hacer clic en ninguna parte del contenido.

Otros ataques consisten en robar información de tus dispositivos. Hay programas informáticos que pueden rastrear las comunicaciones o pulsaciones de teclas en tu computadora y enviar esa información a un estafador. Los enchufes falsos pueden robar información del teléfono o la tableta cuando los conectas para recargarlos. Los piratas informáticos pueden ingresar en tus dispositivos a través de la red de wifi pública. Utiliza programas de antivirus y cortafuegos en tu computadora, y mantén actualizado el resto de los programas (navegadores, sistema operativo, etc.). Asegúrate de que tu teléfono y tableta también tengan instaladas las últimas actualizaciones de seguridad. Utiliza el método de autenticación de dos pasos siempre que sea posible.

Está bien realizar operaciones bancarias en línea

Algunas personas confiesan que no hacen operaciones bancarias en línea porque les preocupa la seguridad. Lo cierto es que la información de sus cuentas ya está en línea, solo que nunca han ingresado en ellas. Sin embargo, eso no impide que otra persona lo haga. ¡Es mejor que seas tú quien controla tu cuenta!

Por último, vigila de cerca tus cuentas financieras (bancarias, de inversión y de jubilación) y mantén bien guardada tu información bancaria. El simple hecho de decirle a alguien tu número de cuenta puede exponerte a problemas, así que no divulgues tu información bancaria por teléfono ni a través de la web a menos que sepas con quién estás tratando. Si sospechas que otra persona está usando tu cuenta, llama a tu banco de inmediato.

Con la ayuda de programas informáticos

Quicken y Rocket Money son dos aplicaciones populares que te permiten usar la información bancaria disponible en línea para llevar adelante tus planes financieros. Ambas aplicaciones son programas robustos de finanzas personales que te permiten descargar tus transacciones bancarias y te ayudan a administrar tus finanzas y presupuestos, conciliar la chequera, pagar facturas electrónicamente, preparar y presentar declaraciones de impuestos, realizar un seguimiento de tus inversiones y desarrollar un plan financiero para el futuro.

Cuidado con el espionaje electrónico

Ten cuidado con los dispositivos de «skimming» o clonación de datos que se hacen pasar por cajeros automáticos. Estos dispositivos registran información almacenada electrónicamente en la banda magnética de tu tarjeta o tu número de identificación personal (PIN, por sus siglas en inglés) cuando lo ingresas. Luego, los estafadores acceden al dinero de tu cuenta bancaria. Limítate a usar los cajeros automáticos de los bancos en lugar de los que se encuentran en centros comerciales, aeropuertos y otros lugares públicos.

PROTECCIÓN CONTRA SOBREGIROS

La protección contra sobregiros es una característica que ofrecen las cuentas corrientes que garantiza que los cheques, retiros de cajeros automáticos y transacciones con tarjetas de débito que hagan caer el saldo de la cuenta por debajo de cero estén cubiertos en su totalidad y, de esa manera, evites los cargos por sobregiro (que pueden ser de hasta $34 por incidente). Proporciona una red de seguridad para protegerte de sobregiros accidentales en tu cuenta, pero esa protección tiene un precio. En promedio, los cargos de protección contra sobregiros rondan los $12. Puede parecer un buen trato, pero no lo es. Es tan solo el comienzo de una serie de cargos aplicados a los sobregiros.

Algunos bancos te permiten cubrir los sobregiros automáticamente desde tu cuenta de ahorros o con una tarjeta de crédito bancaria. El método más común utilizado para cubrir los sobregiros consiste en establecer una línea de crédito, que suele aplicar una tasa de interés hasta dos veces más alta que las tasas vigentes para las tarjetas de crédito o los préstamos. El costo para ti podría ser considerable si no reembolsas el monto de inmediato.

Si la protección contra sobregiros está vinculada a tu tarjeta de crédito, el banco te ofrecerá un adelanto de efectivo para que cubras el sobregiro, y lo cargará a tu tarjeta de crédito. Pagarás un cargo por adelanto en efectivo del 2 al 3 %, más el cargo que cobra el banco por la transacción y los intereses que acumulas antes de reembolsar el adelanto de efectivo.

La opción más conveniente es ser tu propia protección contra sobregiros. Presta mucha atención al saldo de tu cuenta corriente, sobre todo si sueles usar tu tarjeta de débito o aplicaciones de pago como Zelle o Venmo vinculadas a tu cuenta corriente. Configura alertas de saldo de cuenta para saber si te estás quedando sin fondos. Si eres consciente de que tienes problemas para cubrir todos tus gastos, revisa tu presupuesto y haz algunos cambios; eso te ayudará a evitar quedar abrumado por cargos bancarios que realmente no puedes pagar.

Los recordatorios evitan los sobregiros

Si tus ingresos son limitados o varían de un mes a otro, configura recordatorios de control en tu cuenta bancaria en línea. Esto te ayudará a asegurarte de que tengas suficiente dinero en tu cuenta para cubrir todos los débitos automáticos antes de que se realicen, para que no termines sobregirando tu cuenta y siendo objeto de cargos bancarios que arruinarán tu presupuesto.

TEN CUIDADO CON LOS CARGOS DE CAJEROS FUERA DE LA RED

Cuando uses un cajero automático que no pertenece a tu banco o a su red, el banco te cobrará un cargo por uso fuera de la red. Además, podrías incurrir en un cargo por parte del proveedor del cajero automático no perteneciente a la red, que se aplicará además de los cargos que te cobra tu propio banco.

Este es un ejemplo de cómo funciona: Retiras $20 de un cajero automático que no pertenece a tu banco y ese cajero automático te cobra un cargo de $1,50. Luego, tu banco aplica un cargo por uso fuera de la red de $3. En conclusión, terminas pagando $4,50 por cargos de servicio, el 22,5 % del monto que retiraste, para acceder a $20 del dinero que te pertenece.

Puedes reducir los cargos que aplican los cajeros automáticos de la siguiente manera:

- Abre una cuenta en un banco que tenga una red amplia de cajeros automáticos, para que no tengas que recurrir a cajeros automáticos fuera de la red.
- Planifica los retiros de efectivo cuando puedas acceder a cajeros automáticos de tu propio banco, o busca cajeros automáticos que no apliquen un cargo (esto estará indicado en el cajero automático).

- Retira grandes cantidades de efectivo con menos frecuencia en lugar de montos más pequeños con más frecuencia (pero asegúrate de contar con el efectivo para cubrir el retiro).
- Usa aplicaciones de banca móvil para pagar las compras o transferir dinero a otras personas.
- Evita los cajeros automáticos de mayor costo que se encuentran en las tiendas de conveniencia, hoteles, casinos, restaurantes y aeropuertos.

TARJETAS DE DÉBITO

La mayoría de las tarjetas de cajeros automáticos también funcionan como tarjetas de débito. Estas funcionan de manera similar a las tarjetas de crédito, pero el dinero se toma directamente de la cuenta bancaria conectada en lugar de cargarlo a la factura de tu tarjeta de crédito. Solo puedes pagar con la tarjeta de débito si tienes suficiente efectivo en tu cuenta para cubrir la compra, ya que de lo contrario podrías sobregirar la cuenta o necesitar una costosa protección contra sobregiros.

Dos formas en que funcionan las tarjetas de débito

Cuando usas tu tarjeta de débito para pagar las compras, puedes tener la opción de usarla como tarjeta de crédito. La principal diferencia en esta situación es si tendrás que ingresar el PIN al realizar el pago. Si la usas como tarjeta de débito, es posible que puedas retirar dinero en efectivo adicional con tu compra. No te dejes confundir por el logotipo de Visa o Mastercard impreso en la tarjeta de débito: no es una tarjeta de crédito. No importa de qué manera uses esta tarjeta, el dinero se debitará de tu cuenta bancaria directa e inmediatamente.

Seguridad de las tarjetas de débito

El fraude con tarjetas de débito puede ser más difícil de recuperar que el fraude con tarjetas de crédito. Esto se debe a que, con una tarjeta de débito, el efectivo se retira de inmediato de tu cuenta, lo que significa que para cuando notes el fraude ya habrás perdido tu dinero. Si no actúas con rapidez, puede resultar más difícil recuperar el monto total robado. Por eso es fundamental que monitorees tus cuentas bancarias y te asegures de que todas las transacciones sean tuyas.

Si pierdes o te roban la tarjeta de débito, tus pérdidas se limitarán a $50 conforme a la ley, si reportas la pérdida o el robo dentro de los dos días hábiles (aunque algunos bancos reembolsan el monto total del cargo fraudulento). Si esperas más tiempo, tus pérdidas potenciales pueden ascender a $500. Si tienes la tarjeta en tu poder, cuentas con sesenta días a partir del día en que se envió o publicó el extracto bancario en línea para reportar transacciones fraudulentas y acceder a una protección total.

¿Cómo puede alguien usar tu tarjeta de débito si todavía la tienes en tu poder? Los ladrones pueden conectar *skimmers* (dispositivos de registro de datos) a los cajeros automáticos para acceder a la información de tu tarjeta de débito y luego usarla para realizar compras. Los sitios web no seguros, es decir, aquellos cuyas direcciones comienzan con http en lugar de https, hacen que a las personas inescrupulosas les resulte más fácil robar los datos de las tarjetas de débito.

Para mantener tu tarjeta de débito lo más protegida posible:

- Usa siempre los cajeros automáticos de los bancos, ya que la vigilancia constante puede ser más disuasiva para los *skimmers*.
- Cambia el PIN periódicamente y no anotes nunca el número.
- Usa la tarjeta de débito como tarjeta de crédito cuando hagas compras, para evitar ingresar el PIN en público.
- No uses nunca la tarjeta de débito en línea en una red de wifi pública.
- Presta atención a los extractos bancarios y a las transacciones actuales.
- Reporta de inmediato cualquier cosa que te parezca sospechosa.

Seguir estos pasos te ayudará a proteger más tu tarjeta de débito y evitar retiros fraudulentos de tu cuenta bancaria.

DÓNDE GUARDAR EL EFECTIVO

Mantenlo disponible

¿Qué haces con el dinero que quieres poder acceder rápidamente cuando lo necesites, como tu fondo para emergencias? Si lo pones en un CD (certificado de depósito), puedes incurrir penalidades si lo retiras antes de que caduque el plazo establecido. Si lo combinas con tu cuenta corriente, es más probable que termines gastándolo. En tu cuenta de ahorros no ganaría una tasa de interés muy alta. Guardarlo debajo del colchón o en el tarro de galletas no son opciones viables. Entonces, ¿cuál es el mejor lugar para guardar tu dinero?

CUENTAS CORRIENTES Y DE AHORROS

Suele ocurrir que los ahorros terminan en la cuenta corriente solo porque es la opción más fácil. Sin embargo, no es una buena idea. Los ahorros deben separarse del dinero que usas para pagar los gastos diarios por varias razones, incluido el hecho de que si los combinas con tu cuenta corriente es muy fácil terminar gastándolos. Además, en la mayoría de los casos, puedes ganar más intereses en otras cuentas que no sean corrientes. Las cuentas de ahorros suelen pagar tasas de interés más altas que las cuentas corrientes porque se supone que el dinero quedará depositado allí por más tiempo. Las cuentas de ahorros, en especial las cuentas de ahorros en línea con intereses más altos, son una buena opción para guardar los ahorros para emergencias, ya que tendrás acceso instantáneo al dinero cuando lo necesites. Dado que, por lo general, las tasas de interés que pagan las cuentas de ahorros no aumentan a la par de la inflación, no conviene depositar en ellas más dinero del que necesitas para cubrir de tres a seis meses de gastos de manutención.

Cuentas bancarias por internet

Si deseas acceder a una tasa de interés más alta, busca cuentas bancarias en línea. Una de las características más atractivas de estas cuentas es la tasa de interés más alta que pagan por los depósitos, además de que a menudo no tienen requisitos de saldo mínimo. Ten en cuenta que puede tomar hasta tres días hábiles transferir dinero de tu cuenta de ahorros en línea a tu cuenta corriente. Si la cuenta ofrece una tarjeta de cajero automático/débito, es posible que puedas acceder a dinero en efectivo de inmediato. Ten en cuenta que la mayoría las cuentas de ahorros en línea solo permiten seis retiros por mes.

Cuentas de depósito del mercado monetario

Las cuentas de depósito del mercado monetario, a diferencia de los fondos del mercado monetario, también están aseguradas por la FDIC. Por lo general, requieren un saldo mínimo de $1000 o más, a veces hasta $10 000 o $25 000, pero pagan tasas de interés más altas que las cuentas de ahorros tradicionales. Si el saldo de tu cuenta cae por debajo del mínimo, es probable que te cobrarán un cargo de mantenimiento de la cuenta, que en general terminará absorbiendo las ganancias que hayas obtenido con la tasa de interés más alta. Estas cuentas también limitan los retiros a seis por mes.

Certificados de depósito

El certificado de depósito (CD), o plazo fijo, es como una cuenta de ahorros congelada. Tú aceptas dejar tu dinero en el banco por un plazo acordado (en general de tres meses a cinco años) a cambio de una tasa de interés garantizada más alta sobre tu capital. En la mayoría de los casos, pero no siempre, los plazos más largos ofrecen tasas de interés más altas. Algunos CDs ofrecen tasas de interés con aumentos a intervalos específicos. Si retiras la totalidad o parte de los fondos de tu CD antes de la fecha de vencimiento, el banco te cobrará una penalidad.

COSTOS BANCARIOS

En algunos casos, al recortar costos aparentemente insignificantes que se acumulan con el tiempo, es posible ganar tanto como al recibir ingresos adicionales. Los costos bancarios son un buen ejemplo. Son tantos los diferentes tipos de cargos que cobran los bancos, algunos de ellos ocultos, que es posible que no te des cuenta de cuáles son tus costos reales. Con los requisitos de saldo mínimo, los cargos de los cajeros automáticos, los cargos por sobregiro y otros cargos, incluso tus cuentas corrientes y de ahorros básicas podrían costarte más de lo que deberían. Además, si tu dinero podría ganar más intereses en otro lugar, también pierdes la oportunidad de hacer dinero sin mover un dedo. Por ejemplo, mantener una cuenta de ahorros a bajo interés en un banco tradicional en lugar de mover el dinero a una cuenta de ahorros en línea que paga intereses más altos te costará el interés adicional que habrías ganado.

Servicio frente a costo

Ten en cuenta los costos bancarios y haz concesiones inteligentes para obtener los servicios que utilizas al costo total más bajo. Si mantener un saldo mínimo en la cuenta corriente te cuesta $5 al mes en costos de oportunidad, pero te ahorra $7 en cargos, tiene sentido elegir esa opción. Si tienes cuentas de ahorros y corrientes en el mismo banco, en la cuenta corriente mantén solo la cantidad de dinero que necesites para pagar las facturas que vencen de inmediato. Deja que el resto de los fondos trabajen para ti generando intereses en tu cuenta de ahorros. Cuando las tasas de interés son muy bajas, las ganancias pueden ser mínimas, pero de todos modos serán mayor que cero.

Reducir los cargos

Los cargos bancarios pueden carcomer tu dinero, sobre todo cuando no les prestas atención. La mayoría de los bancos aplican una larga lista de cargos a las cuentas corrientes para consumidores, y esos cargos pueden acumularse muy rápidamente. Lo que es peor, cuando menos lo esperas, los cargos bancarios pueden incluso terminar generando más cargos bancarios. Puedes eliminar muchos de estos cargos que arruinan el presupuesto tomando algunas sencillas medidas.

- **Cargos de mantenimiento mensuales.** Muchos bancos cobran cargos de mantenimiento de $10 a $12 por mes si el saldo cae por debajo de un mínimo preestablecido. Para evitar estos cargos, asegúrate de mantener el saldo mínimo en tu cuenta en todo momento, solicita la opción de depósitos directos del salario para que el banco exceptúe el cargo o cambia a una cuenta corriente sin cargos mensuales.

- **Cargos por sobregiro.** Si la cuenta corriente queda con saldo negativo, se aplicarán cargos por sobregiro, los cuales pueden ascender a más de $30 cada uno. Asegúrate de llevar un control de todo lo que va vaciando tu cuenta, incluyendo los pagos automáticos, los pedidos de cheques, los retiros de cajeros automáticos, las transacciones con tarjeta de débito y los cargos bancarios.
- **Cargos de cajeros automáticos.** Averigua si tu banco aplica cargos por transacciones realizadas en cajeros automáticos «ajenos» (es decir, cajeros automáticos de otra institución, como los que se encuentran en otros bancos o tiendas de conveniencia). Esos cargos pueden oscilar entre $2 y $10 cada vez que uses un cajero automático ajeno. Si el banco te cobra por estas operaciones, asegúrate de usar solo cajeros automáticos de tu banco y retira suficiente efectivo para que te dure hasta la próxima vez que pases por allí.
- **Cargos por cheques rechazados.** Si depositas un cheque que rebota (es decir, la persona que te pagó no tenía suficiente dinero en su cuenta para cubrir el pago), es probable que el banco te cobre un cargo que puede llegar a ser de hasta $15. No solo no se depositará el dinero del cheque en tu cuenta, sino que además te descontarán el monto del cargo aplicado.
- **Cargos por estados de cuenta en papel.** En la actualidad, algunos bancos cobran cargos ¡de hasta $2 al mes! por enviar estados de cuenta en papel. Si te cambias a los estados de cuenta en línea, evitarás ese cargo y salvarás algunos árboles.

En conclusión: Los bancos aplican cargos por prácticamente cualquier cosa. Ve al sitio web de tu banco y echa un vistazo a la lista de cargos (a veces son difíciles de encontrar) para saber exactamente en qué casos se aplican.

Hay algunos sitios web excelentes para comparar todos los tipos de cargos bancarios, como www.bankrate.com y www.nerdwallet.com.

Capítulo 3

Administrar las tarjetas de crédito

Las tarjetas de crédito pueden hacer que tu vida sea más fácil, pero también puedes terminar sumergido en deudas sujetas a altos intereses. Acumular un saldo deudor con tus tarjetas de crédito puede ser un obstáculo para tus metas financieras e incluso impedirte alcanzarlas. Para evitar esta situación, es importante comprender cómo funcionan realmente las tarjetas de crédito y cómo puedes hacer que funcionen a tu favor.

TARJETAS DE CRÉDITO

Lo bueno, lo malo y lo feo

Cuando pagas con una tarjeta de crédito, no parece que estuvieras gastando dinero. De hecho, no estás gastando dinero, sino que lo estás pidiendo prestado. Sabes bien que, tarde o temprano, tendrás que pagarlo, pero la promesa de poder hacer pequeños pagos mínimos puede hacer que las compras parezcan verdaderas gangas. Las compañías emisoras de tarjetas de crédito son muy conscientes de esta desconexión psicológica y la aprovechan al máximo. Así es como muchas personas terminan acumulando una deuda abrumadora con sus tarjetas de crédito. Pero si entiendes cómo funcionan antes de empezar a usarlas, puedes convertirlas en herramientas que te ayudarán a construir un historial crediticio y mejorar tu situación financiera, en lugar de lo contrario.

Por el lado positivo, usar una tarjeta de crédito de forma responsable y consciente puede ayudarte a establecer buenos antecedentes crediticios para que, cuando llegue el momento de comprar una casa o un automóvil nuevo, califiques para acceder a los mejores términos posibles y a las tasas de interés más bajas para la hipoteca o el préstamo para el automóvil. La tarjeta también puede ofrecerte recompensas, que pueden ser valiosas siempre y cuando pagues el saldo total de la tarjeta todos los meses. La mayoría de las tarjetas de crédito también ofrecen protección sobre las compras realizadas y otros beneficios. Pero las mismas tarjetas que brindan tanta comodidad pueden convertirse en el medio por el cual termines endeudado por miles de dólares, ya que las compras que haces se volverán mucho más caras a causa de las altas tasas de interés.

EL FALSO ATRACTIVO DEL CRÉDITO

Las tarjetas de crédito envían un mensaje de gratificación instantánea: puedes tenerlo todo ya. Las compañías emisoras de tarjetas de crédito ofrecen más y más conveniencia en cada oportunidad. Su objetivo es lograr que uses la tarjeta de crédito para todo y que hagas los pagos mensuales más pequeños posibles. Te incentivan a gastar de más atrayéndote con recompensas. Te desalientan de pagar el saldo total al ofrecerte la opción de realizar pagos mínimos, que parecen pagos mensuales, pero en realidad no lo son. A las compañías emisoras de tarjetas de crédito les gusta que pagues después del vencimiento (siempre y cuando pagues) porque, de esa forma, pueden aumentar tu tasa porcentual anual (annual percentage rate, APR) y cobrarte penalidades. Después de todo, cuanto más dinero adeudes y cuanto más tiempo dure la deuda, más dinero ganará la compañía. Su negocio es usarte para ganar la mayor cantidad de dinero posible contigo.

OPCIONES DISPONIBLES

Cuando se trata de obtener una tarjeta de crédito, hay cientos de opciones. Algunos de los principales emisores de tarjetas de crédito son Visa, Mastercard y American Express. Estas compañías permiten realizar compras hasta un límite de crédito preestablecido que va desde $500 hasta $10 000 o más, según tus ingresos e historial crediticio. Puedes pagar el saldo total cada mes, el mínimo estipulado por la compañía emisora de la tarjeta (por lo general, alrededor del 2 al 4 % del saldo) o cualquier monto intermedio.

¿Qué son las tarjetas Gold y Platinum?

Estas tarjetas incluyen beneficios adicionales, como cobertura en caso de colisión cuando alquilas un automóvil, garantías extendidas para ciertos artículos, seguro de viaje, descuentos especiales y otros beneficios exclusivos. Suenan atractivas, pero debes evaluar qué obtienes exactamente por el privilegio de pagar un cargo anual mucho más alto.

Las tarjetas de crédito emitidas por tiendas permiten cargar las compras realizadas en una cadena específica de comercios minoristas, como tiendas por departamento y estaciones de servicio, y realizar pagos mensuales, que incluyen cargos por intereses. Muchos comercios ofrecen ciertas ventajas a los titulares de estas tarjetas, como descuentos adicionales en sus productos y oportunidades de compra exclusivas, en especial durante el periodo navideño.

Usa internet

Internet es una excelente herramienta para encontrar la mejor tarjeta de crédito. Visita www.bankrate.com para ver una lista actualizada de las mejores ofertas de tarjetas de crédito del país. También puedes buscar en la web «calculadoras de tarjetas de crédito», que te ayudarán a comprender cómo las diferentes estrategias de pago afectarían tus finanzas.

El costo del crédito

Las tarjetas de crédito están sujetas a varios tipos de cargos. El cargo anual es un monto fijo que el emisor cobra cada año por el uso de la tarjeta. Muchos emisores, aunque no todos, cobran cargos anuales. Los cargos financieros se calculan en función de la tasa de interés que cobra el emisor de la tarjeta y representan el costo principal de usar la tarjeta de crédito. Estas tasas varían de forma considerable de una tarjeta a otra, por lo que puedes ahorrar mucho dinero buscando una tarjeta que tenga una tasa de interés más baja. Otros cargos en los que podrías incurrir con tu tarjeta de crédito son los cargos de solicitud, cargos de procesamiento, cargos por exceder tu límite de crédito, cargos por pago atrasado, cargos por transferencia de saldo y cargos por adelantos de efectivo.

Periodos de gracia

El periodo de gracia, que suele ser de veinticinco días, es el tiempo transcurrido entre la fecha de emisión del resumen de la tarjeta y la fecha de vencimiento del pago. Si pagas el saldo total dentro del periodo de gracia, es posible que no incurras ningún cargo por intereses. Si dejas un saldo impago, normalmente no se aplica un periodo de gracia sobre las nuevas compras, por lo que los intereses comenzarán a acumularse a partir de la fecha de compra. Algunos emisores cobran intereses desde el día en que se efectúa la compra, aunque pagues el saldo en su totalidad, por lo que, en realidad, no hay ningún periodo de gracia. Si también tienes en cuenta el hecho de que los cargos realizados al comienzo del ciclo de facturación mensual ya incluyen una prórroga de un mes para realizar el pago, este periodo de gracia puede significar una prórroga total de seis semanas sin intereses. La Ley de TARJETA de Crédito de 2009 establece que el periodo de gracia, si se ofrece, debe ser de veintiún días como mínimo.

CÓMO ELEGIR LA MEJOR OPCIÓN PARA TI

Antes de elegir una tarjeta de crédito, piensa en cómo te propones usarla. Si vas a pagar el saldo total todos los meses, el cargo anual y otros cargos podrían ser más importantes que la APR (la tasa de interés aplicada), por lo que debes buscar una tarjeta sin cargos o con cargos bajos. Si tienes un saldo pendiente de pago y pagas las compras a lo largo del tiempo, la APR y el método de cálculo de tu saldo serán los factores más importantes. Por eso, en ese caso, te conviene buscar la tasa de interés más baja y el periodo de gracia más largo.

Ten cuidado con las tasas introductorias, que suenan tentadoras porque son mucho más bajas que la tasa que aplican la mayoría de las tarjetas. La desventaja es que, si te queda un saldo pendiente de pago al finalizar el periodo de aplicación de la tasa introductoria, podría costarte más caro que si hubieras tenido que pagar una tasa más alta todo el tiempo. Esto dependerá de cuánto aumente la tasa al final de la oferta introductoria y de si los intereses se devengan hasta la fecha de compra original. Durante el periodo introductorio, también es imperativo realizar en término todos los pagos mínimos, ya que, de lo contrario, volverá a aplicarse automáticamente la tasa más alta.

Cuidado con las trampas de las millas

Las tasas de interés de las tarjetas de crédito que ofrecen millas de viajero frecuente por ciertas compras pueden ser varios puntos porcentuales más altas que las de aquellas que no ofrecen recompensas. Por esta razón, no te conviene dejar saldos pendientes de pago en ellas. Si te atrasas con el pago, incluso un día, se aplicarán cargos financieros y podrías perder las millas ganadas ese mes.

PAGA EL TOTAL

El saldo pendiente debe ser lo más bajo posible

El objetivo de las compañías emisoras de tarjetas de crédito es ganar la mayor cantidad de dinero posible con tu cuenta. Cuando establecen un pago mensual mínimo bajo, no es para hacerte un favor: están tratando de maximizar sus ganancias manteniéndote endeudado durante mucho tiempo. Cuando solo realizas el pago mínimo, los estás favoreciendo, pero puede ser desastroso para tu situación financiera personal.

NO PAGUES EL MÍNIMO

Si pagas intereses de $50 al mes sobre tu tarjeta de crédito, has perdido la oportunidad de invertir ese dinero: invertidos al 6 %, $50 al mes llegarían a un total de más de $57 000 en treinta y dos años, el tiempo que te llevaría pagar un saldo de $2500 a una APR del 19 % (la tasa promedio de una nueva tarjeta de crédito en 2020) si nunca vuelves a usar la tarjeta de crédito y solo haces el pago mínimo. Además, en ese tiempo pagarías más de $7300 en cargos por intereses, casi el triple del valor de la compra original.

La mayoría de las compañías emisoras de tarjetas de crédito calculan los pagos mensuales mínimos al 1 o 2 % del saldo adeudado, incluidos los intereses. Si hicieras una compra por $2500 a una tasa de interés anual del 18 %, te tomaría más de veintisiete años pagar el saldo haciendo solo el pago mensual mínimo. Funciona de la siguiente manera: al principio, el 2 % de tu saldo te daría un pago mínimo de $50, con alrededor del 75 %, o $37,50 ($ 2500 × 18 % ÷ 12), destinado a intereses, y solo el 25 %, o $12,50, se destinaría a cubrir el monto que pediste prestado. Es fácil ver por qué tardarías tantos años en pagar el saldo adeudado.

Para cuando pagues los $2500, terminarías pagando intereses por $5897, además del capital de $2500 que pediste prestado. El artículo que tenía un valor de $2500 te habrá costado $8397. ¿Cómo puedes salir adelante con tus finanzas si estás pagando precios tan exorbitantes?

Si pagas cualquier monto por encima del pago mínimo, aunque solo sean $5 más, puedes reducir años y miles de dólares del total. Siempre que sea posible, procura no usar tarjetas de crédito para hacer compras que no puedes pagar en su totalidad de inmediato. Si puedes esperar para hacer la compra, deposita el monto que habrías pagado a la compañía emisora de la tarjeta de crédito en una cuenta de ahorros hasta que tengas dinero suficiente para pagar el artículo en efectivo.

PROTÉGETE CONTRA LAS PÉRDIDAS

Cada vez es más difícil proteger las tarjetas de crédito contra los robos. Los ladrones y estafadores siguen inventando artimañas cada vez más astutas para obtener la información que necesitan para usar tus tarjetas de manera fraudulenta u obtener créditos a tu nombre. Incluso pueden robarte la identidad.

Mantén tus tarjetas de crédito protegidas

La mejor protección contra el fraude con tarjetas de crédito es saber dónde están tus tarjetas en todo momento. No lleves tarjetas de crédito encima, a menos que sepas que las vas a necesitar. No las dejes tiradas sobre el escritorio en tu trabajo o en tu automóvil, ni en ningún otro lugar donde otros puedan tener acceso a ellas. Cuando recibas una tarjeta de crédito de renovación o canceles una tarjeta, corta la tarjeta anterior en varios trozos pequeños, asegurándote de cortar bien el número. Lo ideal es pasar las tarjetas viejas por una trituradora.

No divulgues el número de tu tarjeta de crédito por teléfono, a menos que estés tratando con una compañía de buena reputación y seas tú quien inició la llamada. Los estafadores suelen recurrir al «*phishing*» (fraude electrónico o suplantación de identidad). En estas estafas, un marcador telefónico informático se hace pasar por tu banco y te pide que llames para hablar sobre las transacciones realizadas en tu cuenta. Te envían correos electrónicos que parecen ser de la compañía emisora de la tarjeta de crédito, en los que te advierten sobre cargos fraudulentos y te piden que ingreses tu información de inicio de sesión para verificar tu identidad. Tu banco nunca te pedirá información personal por correo electrónico.

Si pierdes o te roban la tarjeta

Tan pronto como te des cuenta de que has perdido o te han robado la tarjeta de crédito, la tarjeta del cajero automático o la tarjeta de débito, informa de inmediato al banco o al emisor de la tarjeta, para limitar tu responsabilidad en el caso de que la tarjeta se use de forma fraudulenta. Guarda una lista con los números de tus tarjetas de crédito en un lugar seguro para que puedas reportar la pérdida lo antes posible. La mayoría de los emisores permiten reportar las tarjetas perdidas o robadas por teléfono, en línea o a través de sus aplicaciones móviles.

Según la ley federal de los Estados Unidos, si reportas la pérdida de la tarjeta de crédito antes de que se realicen cargos no autorizados, no podrán hacerte responsable de ningún cargo. Si el ladrón usa la tarjeta antes de que reportes la pérdida, lo máximo que deberás por cargos no autorizados es $50 por tarjeta. Si alguien usa el número de tu tarjeta de crédito de forma fraudulenta sin robar la tarjeta física, no eres responsable de los cargos.

Si pierdes la tarjeta, revisa con cuidado los estados de cuenta mensuales y reporta por escrito cualquier cargo no autorizado. Las tarjetas de crédito extraviadas también deben reportarse a todas las agencias de informes crediticios principales: Experian, TransUnion y Equifax. Pídeles que emitan una alerta de seguridad o que congelen tu cuenta para interceptar las solicitudes de crédito posiblemente fraudulentas.

Robo de identidad

El robo de identidad ocurre cuando alguien usa tu información personal, como tu nombre, número de tarjeta de crédito o número de seguro social, para cometer un fraude o robo. Usando tan solo tu fecha de nacimiento y tu número de seguro social, los ladrones pueden solicitar una tarjeta de crédito a tu nombre y acumular cuantiosos cargos antes de que puedas percatarte de que han abierto la cuenta. Si no se paga el saldo, la morosidad quedará reflejada en tu historial crediticio. Puede tomarte años demostrar que la tarjeta se obtuvo de forma ilegal y corregir tu informe crediticio. Además, durante ese tiempo es posible que te rechacen nuevas solicitudes de crédito.

Algunos ladrones incluso llaman a la compañía emisora de la tarjeta de crédito para notificar un cambio de dirección, o acceden a tu cuenta en línea y cambian la contraseña y los datos de contacto para que ya no puedas acceder a ella. Otras estafas incluyen configurar un servicio de telefonía celular o abrir una cuenta bancaria a tu nombre.

Más sobre el robo de identidad

Para obtener más información sobre cómo evitar ser víctima de un robo de identidad y cómo recuperarse si eres víctima, visita https://consumidor.ftc.gov/robo-de-identidad-y-seguridad-en-linea.

Presta atención a cómo y dónde desechas los estados de cuenta bancarios, las ofertas de tarjetas de crédito, los estados de cuenta de tarjetas de crédito o cualquier documento que incluya tu fecha de nacimiento o número de seguro social. Considera la posibilidad de comprar una trituradora personal y tritura estos documentos antes de tirarlos a la basura. Si consideras que has sido víctima de robo de identidad, repórtalo a tus acreedores, a las tres agencias de informes crediticios, al IRS y a la policía local lo antes posible.

LA LEY DE TARJETA DE CRÉDITO DE 2009

A partir del 22 de febrero de 2010, la Ley de Responsabilidad y Divulgación de Tarjetas de Crédito (también llamada la Ley de TARJETA de Crédito) ofrece fuertes protecciones a los titulares de tarjetas de crédito y limita la posibilidad de que las compañías emisoras apliquen cargos injustos. Estos son algunos de los aspectos destacados de esta ley:

- Las compañías emisoras de tarjetas de crédito deben incluir advertencias de pago mínimo en cada factura, incluida información como cuánto tiempo tomaría pagar el saldo si solo se hicieran pagos mínimos.

- Si te has retrasado más de sesenta días en los pagos, se permite un aumento retroactivo de la tasa de interés; sin embargo, una vez que hayas cumplido en término con los pagos durante un periodo de seis meses, la compañía emisora tiene la obligación de restituir la tasa anterior.
- Si solicitas una nueva tarjeta de crédito, no te pueden aumentar las tasas de interés durante los primeros doce meses, salvo en ciertas situaciones (por ejemplo, si la tarjeta incluye una tasa de interés variable).
- Las compañías emisoras de tarjetas tienen la obligación de rechazar cualquier compra que lleve al titular a exceder el límite de la tarjeta, a menos que el titular acepte pagar el cargo por exceso de límite.
- Los cargos totales aplicados a una tarjeta de crédito durante los primeros doce meses no pueden exceder el 25 % del límite inicial de la tarjeta (también llamado línea de crédito).
- Los estados de cuenta deben enviarse por correo o entregarse al menos veintiún días antes de la fecha de vencimiento.
- Las compañías emisoras de tarjetas de crédito no pueden cobrar cargos por intereses sobre saldos de ciclos de facturación anteriores o saldos que ya se pagaron. Esto se conoce como facturación de doble ciclo.
- Las fechas de vencimiento mensuales siempre deben ser el mismo día del mes. Cualquier fecha de vencimiento que caiga en fin de semana o día festivo debe prorrogarse hasta el siguiente día hábil.
- Todos los pagos recibidos antes de las 5 p. m. deben registrarse como recibidos ese día.
- Cualquier cambio en los términos de la tarjeta de crédito debe ir acompañado de un aviso con al menos cuarenta y cinco días de anticipación.

CONSTRUYE Y REPARA TU HISTORIAL CREDITICIO DE FORMA RESPONSABLE

Cómo usar tu informe crediticio

El crédito es una herramienta valiosa, pero como con todas las herramientas, debes aprender a usarla con cuidado y de forma responsable. Esto significa, sobre todo, prestar mucha atención a tu informe crediticio.

TU INFORME CREDITICIO Y CÓMO FUNCIONA

Un informe crediticio es un registro de tu historial crediticio según lo informado a las agencias de crédito por parte de tu banco, compañías emisoras de tarjetas de crédito, tiendas departamentales y otras empresas a las que hayas solicitado préstamos. Los prestamistas potenciales utilizan la información incluida en el informe crediticio para decidir si están dispuestos a correr el riesgo de otorgarte crédito. Si comprendes cómo funcionan los informes crediticios, podrás proteger tus derechos y evitarás ser víctima de las clínicas de reparación de crédito inescrupulosas y los llamados «doctores de crédito».

Tus derechos con respecto al crédito

La Ley de Informe Justo de Crédito te otorga derechos específicos con respecto a tu informe crediticio. Puedes consultar estos derechos en el sitio web de la Comisión Federal de Comercio (Federal Trade Commission, FTC) en www.ftc.gov.

Si estás pensando en comprar una casa o solicitar crédito para realizar alguna otra compra grande, necesitarás tener un buen informe crediticio. Siempre es mejor saber qué contiene el informe antes de que lo haga el prestamista, para que tengas la oportunidad de resolver cualquier discrepancia o error.

¿Qué información contiene el informe crediticio?

El informe crediticio incluye la siguiente información personal básica:

- Nombre
- Dirección actual y direcciones anteriores
- Número de teléfono
- Número de seguro social
- Fecha de nacimiento
- Empleador actual y empleadores anteriores

La sección referida al historial crediticio incluye información sobre cada cuenta de crédito, incluida la fecha de apertura, el límite de crédito o el monto del préstamo, el saldo, el pago mensual y el patrón de pagos durante los últimos años. También se incluyen las quiebras, las cuentas enviadas a agencias de cobranza, los pagos de manutención de hijos o de pensión alimenticia no realizados, los gravámenes fiscales, los embargos de automóviles, los registros judiciales de gravámenes fiscales y los juicios monetarios, así como los nombres de empresas o personas que han obtenido una copia de tu informe crediticio. El informe incluye también información obtenida de registros públicos, como tu historial laboral, si eres el propietario de tu casa y si te has declarado en bancarrota. En el caso de que no se puedan resolver los problemas existentes entre tú y un acreedor, los comentarios y explicaciones que puedes agregar a tu informe crediticio y la respuesta del acreedor a tus declaraciones pasan a ser parte del informe. Si una cuenta se derivó a una agencia de cobranza, se incluirá en el informe como una «cuenta sujeta a cobranza judicial» hasta que se pague en su totalidad. Luego, se registrará como una «cobranza realizada» y permanecerá en el informe crediticio durante siete años a partir de la fecha del primer pago no realizado.

Revisa tu informe crediticio

Los asesores financieros recomiendan solicitar una copia del informe crediticio al menos una vez al año y revisarlo con cuidado. La Ley de Informe Justo de Crédito permite solicitar un informe crediticio gratuito por año a cada compañía de informes crediticios. En el caso de que te hayan rechazado una solicitud de crédito, vivienda o empleo a causa de la información que contiene tu informe crediticio, es posible que tengas derecho a solicitar una copia gratuita adicional. Algunos estados exigen a las agencias de crédito que proporcionen copias gratuitas o que apliquen un cargo reducido a los residentes de ese estado, por lo que podrás contar con varias opciones para obtener más de un informe crediticio gratuito por año de cada una de las compañías de informes crediticios.

Qué información no incluye el informe crediticio

El informe crediticio no incluye información sobre raza u origen nacional, religión, estilo de vida personal, afiliación política, historial médico, antecedentes penales u otra información no relacionada con tu historial crediticio y tu capacidad de pago de deudas.

Como se mencionó anteriormente, hay tres agencias de crédito principales: Equifax, Experian y TransUnion. Dado que algunos acreedores reportan a una sola de las agencias, la información incluida en el informe crediticio puede diferir ligeramente de una agencia a otra. Los expertos recomiendan solicitar una copia del informe a cada una de las tres agencias de crédito principales una vez al año.

Para solicitar informes crediticios, utiliza el sitio oficial de las tres compañías de informes crediticios principales: www.annualcreditreport.com. Si usas otros sitios, es probable que no obtengas los informes crediticios de forma gratuita. Hay muchos sitios impostores que dicen ofrecer informes y calificaciones crediticias gratuitos, pero tarde o temprano querrán que pagues algo, o es posible que simplemente deseen robar tu información personal.

Si encuentras algún error en el informe crediticio, envía una carta a la agencia de crédito para explicar cuál es el error con el mayor detalle posible. Puedes encontrar ejemplos de cartas en el sitio web de la Oficina de Protección Financiera del Consumidor (Consumer Financial Protection Bureau, CFPB) en www.consumerfinance.gov. Proporciona cualquier documento que avale tus declaraciones. Envía todo por correo certificado, con acuse de recibo. Si no obtienes una respuesta dentro de los cuarenta días aproximadamente, vuelve a comunicarte con ellos.

¿Cómo utilizan los prestamistas el informe crediticio?

Los prestamistas utilizan la información incluida en el informe crediticio para evaluar tu capacidad de endeudamiento, tu garantía, tu capital y tu capacidad para pagar la deuda. La evaluación de la probabilidad de que pagues el préstamo se basa en parte en la estabilidad de tu historial de empleo y residencia. Para evaluar tu capacidad de endeudamiento, los prestamistas analizan los límites de crédito abiertos, las deudas actuales y otros pagos, para tener una idea de cuánta deuda puedes pagar en función de tus ingresos y carga crediticia. Es más probable que te ofrezcan un crédito sujeto a garantías. Por ejemplo, el automóvil que vas a comprar se utiliza como garantía del préstamo que solicitaste para comprarlo. Si no pagas el préstamo, el prestamista puede embargar el automóvil, por lo que el riesgo que corre es menor. Los anticipos también funcionan a tu favor, ya que el prestamista puede ver que has planificado la compra e invertido en ella.

Cada vez más, los prestamistas se centran en la calificación crediticia para tomar sus decisiones. Este número indica la probabilidad de que cumplas con los pagos en término y que reembolses los préstamos. La calificación se genera a través de una computadora y se basa en gran medida en la forma en que has usado el crédito en el pasado: cuánto tiempo has usado crédito, cuánto usaste y si lo has usado de forma responsable. Con todo, los prestamistas pueden analizar tus ingresos, educación, estabilidad laboral, con qué frecuencia te has mudado, si eres propietario de tu casa, con qué frecuencia solicitas adelantos de efectivo, qué tan cerca estás de llegar a tus límites de crédito, cuántas tarjetas de crédito tienes y el historial de pagos anteriores. Una computadora compara esta información con los patrones de miles de otros consumidores y predice tu nivel de riesgo crediticio.

Muchos bancos y compañías emisoras de tarjetas de crédito ofrecen el seguimiento gratuito de la calificación crediticia como parte de su servicio. Puedes encontrar la calificación en tu estado de cuenta mensual o consultarla en línea ingresando en tu cuenta. Muchos sitios web también ofrecen el seguimiento gratuito de las calificaciones crediticias, pero debes tener cuidado con los estafadores que solo intentan obtener tu información personal. Algunos sitios confiables son Credit Karma, Credit Sesame y NerdWallet. Muchas aplicaciones de administración de dinero (Rocket Money) también realizan un seguimiento de la calificación crediticia. Si bien hay varios modelos diferentes de calificación crediticia, la Puntuación FICO (Fair Isaac Corporation) es la más utilizada por los prestamistas y otros. Las tres principales agencias de información crediticia ofrecen esta opción con el informe crediticio o como una opción separada.

Hacer un seguimiento de tu calificación crediticia puede motivarte a mejorarla. Algunas de las opciones más efectivas para mejorar tu crédito incluyen pagar todas las facturas en término todos los meses, mantener los saldos de las tarjetas de crédito por debajo del 30 % del crédito disponible, evitar el cierre de tarjetas de crédito no utilizadas y la apertura de nuevas tarjetas de crédito, y revisar tu informe crediticio en busca de errores.

HAZ UN PLAN DE PAGO

Cuando estés listo para comenzar a pagar tu deuda, elabora un plan que puedas cumplir. Los planes ideales se enfocan en una deuda a la vez (la deuda de «enfoque»). Cuando te enfocas en una sola deuda, es más fácil progresar y ver el progreso. Además, es mucho menos estresante enfrentarse a un grano de arena que a una montaña.

Los dos planes de pago más populares son el método «bola de nieve» y el método «avalancha». Cualquiera de los dos te ayudará a salir de la deuda, así que elige el que te resulte más cómodo. Normalmente, el método «avalancha» es más rápido y te ahorra un poco más de intereses. Pero, por lo general, es más fácil para las personas seguir el método «bola de nieve» porque hay más logros desde el principio.

Ambos métodos son eficaces y no es necesario que te comprometas con ninguno de los dos. Puedes cambiar de uno a otro cuando quieras. El secreto para el éxito es elegir el método que creas que te resultará más fácil al principio y, luego, comenzar.

No importa qué plan elijas...

Cualquiera sea el método que elijas, asegúrate de hacer estas cuatro cosas:

- Elige una deuda de enfoque a la que pagarás un monto de dinero adicional.
- Asigna la mayor cantidad de dinero que puedas a esa deuda de enfoque.
- Haz varios pagos a lo largo del mes (en lugar de uno solo en la fecha de vencimiento) para reducir lo más posible el cargo por intereses del mes siguiente.
- Haz pagos mínimos en término cada mes para cada deuda.

Este último punto es importante. Cualquier pago omitido o fuera de término incurrirá en costosas penalidades que llevarán tu deuda en la dirección equivocada y harán que sea aún más difícil de pagar. Evita incluso la posibilidad de atrasarte en los pagos configurando débitos automáticos para cubrir el pago mínimo de las tarjetas de crédito, incluida la deuda de enfoque.

Hay una quinta cosa que debes hacer, pero esta puede ser particularmente difícil: deja de usar las tarjetas de crédito, salvo para emergencias reales. Es casi imposible pagar la deuda de una tarjeta de crédito si vas sumando nuevos cargos cada mes.

El método avalancha

Con el método avalancha, las deudas de las tarjetas de crédito se clasifican según la tasa de interés, de mayor a menor, y se da prioridad a la deuda más cara. Sin importar cuán grande sea esa deuda, ahorrarás dinero en intereses, por lo que tendrás más dinero para ir pagando el saldo adeudado.

Puedes encontrar las tasas de interés vigentes que aplica tu tarjeta de crédito (a veces identificadas como «APR») en los estados de cuenta. Elige la tarjeta que tenga la tasa más alta y empieza a pagarla lo antes posible. Una vez que hayas pagado todo el saldo, continúa con la tarjeta que tenga la siguiente tasa más alta y así sucesivamente hasta que hayas pagado todas las tarjetas en su totalidad.

El método bola de nieve

Si te gustaría recibir estímulos y motivación adicionales, el método bola de nieve podría ser adecuado para ti. Con este plan, pagarás la primera deuda de enfoque más rápidamente y sentirás una sensación de logro al tacharla de la lista. Podrás ver con claridad tu progreso, y esa pequeña motivación (es cierto: es científico) te animará a seguir adelante con los pagos.

Con este método, las deudas se ordenan en función del saldo pendiente de pago, de menor a mayor. La deuda más pequeña será la primera deuda de enfoque. Una vez que la hayas pagado, podrás usar el dinero que asignabas a esa deuda para pagar la siguiente deuda de la lista (tus pagos tendrán un efecto «bola de nieve»). Seguirás pagando las deudas de la lista hasta haberlas pagado todas en su totalidad.

PRÉSTAMOS DE LA CUENTA 401(K)

La mayoría de los planes 401(k) incluyen una función de préstamo que permite pedir prestado de la cuenta de jubilación y pagarlo en cinco años o menos a una tasa de interés determinada por el administrador del plan, por lo general un par de puntos por encima de la tasa preferencial. Cada plan puede establecer sus propios límites con respecto al monto que se puede pedir prestado, pero la mayoría sigue las pautas del IRS. Si bien esto puede parecer una buena fuente de fondos para pagar los gastos diarios o la deuda, tiene algunos inconvenientes importantes.

La cuenta 401(k) y tus deudas

Recurrir a la cuenta 401(k) para pagar deudas puede poner en peligro tu futuro financiero. El objetivo de tu cuenta 401(k) es servirte de apoyo cuando te jubiles. Si comienzas a realizar retiros ahora, llegarás a la jubilación con menos dinero, cuando es más difícil acceder a préstamos, recortar costos y encontrar empleo.

Reembólsate a ti mismo

Retirar dinero de tu cuenta 401(k) podría tener un impacto importante en tus ingresos para la jubilación, incluso si reembolsas el dinero. Esto se debe a que tendrás menos dinero invertido para ganar intereses, dividendos y ganancias de capital. Además, muchos empleadores no permiten realizar aportaciones mientras haya un préstamo pendiente. Incluso si pagaras el préstamo en un año con intereses, dejar pasar tanto tiempo sin hacer aportaciones tendrá un impacto a largo plazo en la cantidad de dinero que lograrás acumular hasta que llegues a la edad de jubilarte.

El peligro de perder el empleo

Quizás incluso peor que reducir el potencial de acumulación de ganancias es el peligro de quedarte con un préstamo sin cancelar si se termina tu empleo, ya sea porque aceptaste un trabajo en otro lugar o porque te suspendieron o despidieron. Si tienes un préstamo pendiente de pago al terminar tu empleo, tendrás que pagarlo en su totalidad antes de la fecha de vencimiento de tu próxima declaración de impuestos. Si no lo haces, el préstamo contará como un retiro anticipado y estará sujeto a impuestos sobre la renta y una penalidad por retiro anticipado del 10 %.

Supongamos que pediste prestado $12 000 y pagaste $2000 antes de cambiar de trabajo. Al finalizar tu empleo, el saldo pendiente de pago es de $10 000. Si no puedes reunir el dinero para pagarlo antes de la fecha de vencimiento de la próxima declaración de impuestos, se considerará un retiro prematuro. Si te encuentras en la categoría tributaria del 22 %, tendrás que pagar $2200 en impuestos sobre la renta, más otra penalidad por retiro anticipado de $1000 (10 %). De repente, tu préstamo con bajos intereses no parece tan atractivo. Además, si no tienes otra forma de obtener el dinero para pagar los impuestos y te ves obligado a retirarlo de tu plan 401(k), ese dinero también estará sujeto a impuestos y penalidades. Cualquier cosa que hagas podría diezmar el fondo de jubilación que tanto te ha costado construir.

SERVICIO DE ASESORAMIENTO CREDITICIO

Si comienzas a buscar ayuda para librarte de una deuda, encontrarás muchos sitios web que ofrecen asesoramiento crediticio y consolidaciones de préstamos, pero no todos velarán por tus intereses. Los profesionales adecuados te ayudarán a mejorar tus habilidades de administración del dinero. Encontrarán soluciones realistas y viables para que pagues la deuda y te brindarán una orientación sólida sobre otros asuntos financieros (por ejemplo, cómo mejorar tu calificación crediticia). Si alguien te pide que dejes todo en sus manos, promete «arreglar» tu situación o no parece estar interesado en ayudarte a aprender cómo manejar tu situación financiera tú mismo, no es la ayuda que necesitas.

Si lidiar con tus deudas por cuenta propia es algo que te supera, considera la posibilidad de recurrir a un asesor crediticio. Los asesores crediticios de buena reputación te ayudarán a elaborar un plan realista para pagar las deudas y te enseñaran cómo evitar endeudarte de nuevo. Trabajarán a tu lado para llegar a una cifra realista que puedas pagar cada mes. Hablarán con tus acreedores y conseguirán que acepten otras condiciones de pago acordes a tu presupuesto. A menudo, esto implica prorrogar el plazo del préstamo, lo que reducirá tus pagos mensuales. Los asesores experimentados y de buena reputación pueden ayudarte a reducir algunas tasas de interés (como las tasas de penalidad), conseguir que los acreedores exceptúen algunos cargos e incluso poner fin a las estresantes llamadas de los cobradores.

Cómo encontrar un asesor crediticio de buena reputación

La mayoría de las agencias de asesoramiento crediticio confiables son organizaciones sin fines de lucro. Estas compañías cobran tarifas muy bajas (a veces ninguna) para ayudarte a reconstruir tus finanzas de una manera más positiva. Busca a alguien que tenga una reputación sólida y una alta tasa de éxito en ayudar a las personas a salir de su situación de endeudamiento.

Los mejores asesores crediticios cuentan con la debida formación y certificación, y podrán mostrarte su acreditación. Puedes encontrar información fiable y verificada sobre cualquier agencia de asesoramiento crediticio a la que estés considerando consultar en la Fundación Nacional de Asesoramiento Crediticio (National Foundation for Credit Counseling, NFCC) en www.nfcc.org/es o la Asociación Americana de Asesoramiento Financiero (Financial Counseling Association of America, FCAA) en www.fcaa.org.

¿El asesoramiento crediticio no perjudicará mi calificación crediticia?

El asesoramiento crediticio en sí mismo no perjudicará tu calificación crediticia, pero algunas decisiones que tomes pueden hacer que baje temporalmente. A la larga, enfrentar tu deuda y hacer algo para pagarla mejorará tu calificación e historial crediticios.

REPARACIÓN DE UN PERFIL CREDITICIO DETERIORADO

Cómo solucionar el problema

A veces, las personas toman decisiones imprudentes o se endeudan por más de lo que pueden pagar, lo que termina perjudicando su historial crediticio. En otros casos, su historial crediticio se deteriora a causa de un divorcio, la pérdida de un cónyuge o costos de atención médica imprevistos. Si tienes una mala calificación crediticia, es posible que igual puedas acceder a préstamos o tarjetas de crédito, pero deberás pagar una tasa de interés más alta y los términos no serán tan favorables como lo son para las personas que gozan de una buena calificación crediticia.

CÓMO MEJORAR TU CALIFICACIÓN CREDITICIA

Hay una serie de pasos sencillos que puedes seguir para mejorar tu calificación crediticia, sin importar el estado en que se encuentre. La mejora no será instantánea y requerirá algo de trabajo, pero puedes lograrlo. De hecho, si sigues estos pasos y eres constante, es posible que puedas mejorar tu calificación por 100 puntos en tan solo un par de meses (tal vez, incluso antes).

Para mejorar tu calificación crediticia y mantenerla, haz lo siguiente:

- Revisa tu informe crediticio ahora mismo y al menos una vez al año. Aclarar los errores (y es probable que haya al menos uno) puede ayudarte a mejorar tu calificación.
- Paga todas las facturas en término todos los meses. Ponte al día con todas tus facturas y mantente al día. Si no puedes pagar el monto total en término, avisa a tu acreedor con anticipación, ya que es probable que colabore contigo para evitar que esa situación afecte tu cuenta o tu calificación crediticia.
- No uses más del 30 % del crédito disponible (también llamada «tasa de utilización de crédito») en deudas renovables, como tarjetas de crédito. Si el monto que adeudas es mayor, procura pagarlo más rápido para que vuelva a estar por debajo de la marca del 30 %.
- No asumas ninguna deuda nueva ni solicites más tarjetas de crédito. Las consultas y las nuevas deudas pueden reducir tu calificación.
- No canceles ninguna tarjeta de crédito después de pagar el saldo que adeudas. La cancelación de tarjetas reduce el crédito disponible. Esto aumentaría tu tasa de utilización de crédito, lo que, a su vez, reduciría tu calificación. Deja de usar las tarjetas de crédito, pero no las canceles (al menos no de inmediato).

Tarjetas con garantía

Una tarjeta de crédito con garantía puede ayudarte a mejorar tu historial crediticio para que puedas acceder a crédito más adelante. Una tarjeta de crédito con garantía funciona como una tarjeta de crédito común, pero está protegida por un colchón de efectivo. Básicamente, debes hacer un depósito en efectivo (la garantía) para cubrir tu límite de crédito. Luego, puedes usar la tarjeta y debes realizar los pagos mensuales en término.

Si no pagas la tarjeta, el emisor utilizará el dinero del depósito que hiciste para cubrir la deuda. Puede ser difícil calcular la cantidad de dinero que debes depositar, pero este método puede ayudarte a mejorar tu historial crediticio. Después de doce a dieciocho meses de pagar en término una tarjeta con garantía, muchas personas logran acceder a una tarjeta de crédito común.

No caigas en estafas

No te dejes engañar si algunos «servicios de reparación crediticia» o «doctores de crédito» te aconsejan obtener un número de identificación de empleador (EIN). Te sugerirán que solicites crédito usando ese número en lugar de tu número de seguro social para que tu historial crediticio no aparezca cuando se realice una verificación de antecedentes crediticios. Si alguien te dice que hagas eso, no lo hagas. Es un delito grave.

Ofrecimientos de reparación de crédito cuestionables

Si tienes una mala calificación crediticia, serás más propenso a recibir ofertas de crédito cuestionables, así que mantente alerta. No te dejes engañar si te ofrecen soluciones rápidas para reparar tu historial crediticio. Tienes el derecho legal de solicitar que se corrija cualquier error en tu informe crediticio. Para ello, debes comunicarte directamente con las agencias de informes crediticios. No le pagues a alguien para que lo haga por ti. Algunas compañías de reparación de crédito hacen afirmaciones falsas sobre su capacidad para «limpiar» tu historial crediticio. Solo el acreedor o la agencia de informes crediticios pueden eliminar una deuda de tu historial crediticio, y la única forma de limpiarlo es pagando en término durante varios años y cancelando tus deudas.

USA LAS TARJETAS DE CRÉDITO CON PRUDENCIA

Una excelente herramienta

Las tarjetas de crédito pueden ser una excelente herramienta cuando se usan de forma prudente. Si evitas gastar demasiado a crédito, puedes comenzar a usar las tarjetas de crédito a tu favor. Usa las tarjetas de crédito correctamente y las compañías emisoras te pagarán por pedirles dinero prestado. Si pagas el saldo total de tus tarjetas de crédito todos los meses, no dejas saldos impagos y aprovechas las recompensas, hasta puedes ganar dinero con ellas.

NO TE METAS EN PROBLEMAS

¿Cuál es la clave para no endeudarse con las tarjetas de crédito? Nunca pidas prestado más de lo que puedes pagar de inmediato. Las compras que hagas con una tarjeta de crédito deben ser compatibles con tu presupuesto. Antes de usarla, planifica cada compra y asegúrate de saber cómo la pagarás. Con un límite de gasto sólido, el saldo de tu tarjeta de crédito no crecerá de forma descontrolada.

Por ejemplo, la gente tiende a gastar más durante las fiestas de fin de año. Si usas las tarjetas de crédito para las compras navideñas, es posible que no puedas pagar los cargos hasta algunos meses después. Elabora un presupuesto para los obsequios navideños antes de salir de compras y, si puedes, intenta ahorrar pequeñas cantidades de dinero durante todo el año en un fondo especial para pagar esos gastos. El uso de tarjetas de crédito suele propiciar los gastos impulsivos y excesivos, y los artículos que parecían gangas terminan costando entre un 10 y un 20 % más de lo que pensabas debido a los intereses que aplican las tarjetas de crédito.

Algunas personas usan las tarjetas de crédito para pagar prácticamente todos los gastos y pagan el saldo total adeudado al final del mes. Esto las ayuda a elaborar un presupuesto y realizar un seguimiento de a dónde va a parar su dinero. Si no tienes el dinero o la disciplina necesaria para pagar el saldo total todos los meses, debes evitar usar una tarjeta de crédito para pagar cosas como ropa, comida, gasolina, salidas a restaurantes y otros gastos recurrentes.

Evita los adelantos de efectivo

Los adelantos de efectivo con tarjetas de crédito tienen un costo enorme, ya que están sujetos a tasas de interés y cargos más altos. Casi siempre, los adelantos de efectivo están sujetos a un cargo de transacción de entre el 2 y el 3 % del monto que recibes. Además, los periodos de gracia no se aplican a los adelantos de efectivo, por lo que deberás pagar intereses desde el día en que recibes el dinero. Para colmo de males, la tasa de interés que se aplica a los adelantos de efectivo es muchísimo más alta que la que se aplica a las compras. Con todo, un adelanto de efectivo puede terminar costándote un montón de dinero. En conclusión: no uses la tarjeta de crédito como si fuera una cuenta bancaria y evita solicitar adelantos de efectivo siempre que puedas.

Cargos por adelantos de efectivo

Los titulares de tarjetas Visa retiran la asombrosa suma de $100 mil millones al año en adelantos de efectivo. Con un cargo inicial promedio del 4 al 5 %, los adelantos de efectivo generan $3 mil millones al año para Visa tan solo con este cargo.

REDUCE LA TASA DE TU TARJETA DE CRÉDITO

A menudo, las compañías emisoras de tarjetas de crédito aceptan reducir tu tasa de interés si lo solicitas. Llama a la compañía y diles que has recibido ofertas de tarjetas de crédito con tasas más bajas. Pregunta si pueden reducir tu tasa para que no tengas que cambiarte de compañía. Si has sido un buen cliente y tienes la tarjeta desde hace un tiempo, es muy probable que consigas una reducción de la tasa.

EVITA LAS ESTAFAS DE REPARACIÓN DE CRÉDITO

No hay soluciones rápidas

Algunas compañías afirman que pueden «arreglar» los historiales crediticios malos a cambio de una gran suma de dinero. Es legalmente imposible modificar un historial crediticio preciso. Si te encuentras en problemas crediticios, elabora un presupuesto y consulta a tus acreedores para pagar las deudas y recomponer tu calificación crediticia. No hay soluciones rápidas.

Ponte en contacto con una agencia de protección al consumidor

Si eres víctima de una estafa de reparación crediticia, comunícate con la agencia estatal de protección al consumidor (aquí encontrarás todos los servicios de protección al consumidor en tu estado: www.usa.gov/es/estatal-consumidor), el fiscal general de tu estado (haz clic en «Attorneys General» [Procurador general] en www.naag.org) o tu Oficina de Mejores Negocios (Better Business Bureau) local (la información está disponible en www.bbb.org).

PRIORIZA TUS FACTURAS

Págalas en orden

Algunos pagos tienen prioridad sobre otros. Por ejemplo, es importante que puedas conservar tu casa y ponerte a trabajar para poder ganar dinero. Si tu situación es tan grave que no puedes pagar todas las facturas, prioriza las deudas y gastos y paga primero los más importantes, en este orden:

- Hipoteca o alquiler
- Servicios públicos (incluido teléfono e internet)
- Préstamo y seguro del auto
- Otros seguros (propietarios de viviendas, salud)
- Préstamos (préstamos garantizados, préstamos estudiantiles, compañías financieras)
- Tarjetas de crédito
- Varios

Habla con los acreedores a los que no puedas pagarles en su totalidad y hazles saber que tienes la intención de cumplir con tus obligaciones, pero necesitas algo de tiempo. Es posible que estén dispuestos a darte uno o dos meses y agregar los pagos al final de tu préstamo, reducir la tasa de interés o modificar la fecha de tu cuenta para que no se reporte como morosa a las agencias de crédito.

Capítulo 4

Comprender los préstamos

Comprender los diferentes tipos de deuda puede ayudarte a elegir el tipo de préstamo más conveniente para ti. También puede hacerte menos propenso a que se aprovechen de ti y ayudarte a evitar la bancarrota.

PRÉSTAMOS A PLAZOS, GARANTIZADOS Y NO GARANTIZADOS

Pedir dinero prestado

Todos los préstamos son iguales en algunos aspectos. Pides prestada una cantidad determinada de dinero, llamada capital, por una cantidad determinada de tiempo, llamada plazo, a una tasa de interés fija o variable. La mayoría de los préstamos son préstamos a plazos, que requieren pagos regulares, en general todos los meses, hasta que se pague el préstamo total con intereses. Algunos préstamos requieren que el capital se pague de una sola vez.

PRÉSTAMOS GARANTIZADOS Y NO GARANTIZADOS

Los préstamos pueden ser garantizados o no garantizados, es decir, respaldados o no con garantías (activos de los que el prestamista puede tomar posesión si el prestatario no cumple con los pagos). Por ejemplo, los préstamos para automóviles y las hipotecas son préstamos garantizados. Tu promesa de pagar el préstamo está garantizada por el automóvil o la casa que vas a comprar. Si no cumples con los pagos, el prestamista puede embargar el automóvil o la casa para recuperar el dinero que te prestó. Los préstamos no garantizados están respaldados solo por tu promesa de pago y, por esa razón, en general están sujetos a tasas de interés más altas.

CRÉDITO RENOVABLE

Los créditos renovables son préstamos en los cuales el monto tomado en préstamo varía a lo largo del tiempo, a diferencia de los créditos no renovables (préstamos comunes), en los que pides prestado un determinado monto de dinero y luego lo devuelves. En los créditos renovables, los préstamos están sujetos a un monto máximo (en general denominado límite de crédito) y un pago mínimo que debes realizar cada mes, pero el resto depende de ti. Las tarjetas de crédito y las líneas de crédito garantizadas por el valor neto de la vivienda (Home Equity Line of Credit, HELOC) son los tipos de crédito renovable más utilizados.

ACREEDORES Y COBRADORES DE DEUDAS

Tus derechos y responsabilidades

Los acreedores solo ganan dinero si tú les pagas, por lo que a menudo intentarán colaborar contigo para ayudarte a evitar que dejes de cumplir con los pagos. Antes de dejar de cumplir con un pago, llama a tus acreedores. Si esperas a que la cuenta pase a un estado de incumplimiento, se perjudicarán tu calificación crediticia y tu credibilidad. Es posible que el acreedor no esté muy dispuesto a colaborar contigo y derive tu cuenta a un cobrador de deudas, lo que puede ser una experiencia desagradable. Además, los acreedores no pierden un instante en reportar los pagos atrasados a las agencias de cobranza, ya que cada vez son más las personas que se declaran en bancarrota y dejan de pagar sus deudas. Si llegas a un acuerdo con tus acreedores antes del vencimiento, es posible que acepten no reportar tu morosidad a la agencia de crédito.

Si hablas con un acreedor por teléfono, toma notas, incluyendo el nombre de la persona con la que hablaste, la fecha y hora en que hablaste con ella y a qué acuerdo llegaron. Es aconsejable enviar luego una carta que describa los puntos clave de la conversación que mantuvieron y pedirle que te envíe algo por escrito también. Si no logras que el acreedor colabore contigo, cuelga e intenta llamar de nuevo. A veces, un representante de servicio al cliente o gerente de crédito puede ser más útil o flexible que otro.

Elabora un plan con un presupuesto

Cuando negocies con los acreedores, no aceptes un plan que no estés seguro de poder cumplir. Mira tu presupuesto y determina cuánto dinero puedes asignar cada mes a la deuda en cuestión antes de comprometerte con un plan de pago.

Los cobradores de deudas son terceros contratados por un prestamista para intentar cobrar los montos adeudados cuando alguien se retrasa con sus pagos. Pueden ser abogados o empresas dedicadas a la cobranza de cuentas impagas. Si tu cuenta se deriva a un cobrador de deudas, puedes ahorrarte muchas penurias si estás familiarizado con los derechos que te otorga la Ley de Prácticas Justas de Cobro de Deudas, la ley federal que establece lo que los cobradores de deudas de terceros pueden y no pueden hacer. Los cobradores:

- Pueden comunicarse contigo en persona, por correo, teléfono, correo electrónico o fax.
- No pueden comunicarse contigo en momentos inconvenientes, como antes de las 8 a. m. o después de las 9 p. m., a menos que estés de acuerdo con esos horarios.
- No pueden insistir en llamarte si les has pedido por escrito que dejen de hacerlo.
- No pueden amenazarte, acosarte, molestarte, abusarte ni insultarte o usar información falsa o engañosa.

Si un cobrador de deudas te acosa o causa otros problemas, reporta el incidente a la oficina del procurador general de tu estado y a la FTC.

Cuando recibas una llamada o una carta de un cobrador de deudas, tu intuición probablemente te dirá si debes responder o ignorarlo. Ambas opciones son erróneas y, a la larga, pueden ser perjudiciales para ti. Si te comunicas con el cobrador sobre la deuda o si pagas cualquier monto (incluso $5) por la deuda, habrás reconocido oficialmente la deuda. Si ignoras todas las comunicaciones, incluidas las citaciones judiciales, podrías terminar con un fallo en tu contra que le permitirá al cobrador embargar tu salario.

La forma correcta de lidiar con las cobranzas es, en primer lugar, solicitar una carta de validación, la cual deberán proporcionarte dentro de los cinco días hábiles posteriores al primer contacto. Esa carta debe incluir detalles completos sobre la deuda, información de contacto completa de la compañía de cobranzas y una explicación de cómo se puede impugnar la deuda.

Verifica la deuda

Los cobradores pueden tener información incorrecta. Los cobradores también pueden mentir (hay muchos estafadores en esta área). Exige pruebas de la deuda que están tratando de cobrarte y asegúrate de que sea correcta y legítimamente tuya. Una vez que les hayas pedido que verifiquen la deuda, tienen que dejarte en paz hasta que te proporcionen la información que solicitaste. Si no te envían un comprobante de la deuda, puedes exigir que dejen de comunicarse contigo con una carta de cese y desistimiento.

Si la deuda es tuya, busca los documentos del acreedor original (a quien le debías el dinero inicialmente) y los comprobantes de los pagos que hayas realizado. Puedes usar esta información para negociar un acuerdo o plan de pago si no puedes pagar la deuda en su totalidad de inmediato.

Si la deuda no es tuya o no es 100 % correcta, impúgnala. Si disputas el reclamo dentro de los treinta días posteriores al primer contacto del cobrador, este debe dejar de exigir el pago hasta que se resuelva la disputa. Si presentas la impugnación después de transcurridos los treinta días, el cobrador podrá comunicarse contigo durante el periodo de investigación.

Registra o documenta todo

Cada vez que te comuniques con el cobrador de deudas, documenta todo. Guarda copias de todo lo que le envíes y envía las comunicaciones escritas únicamente por correo certificado (para tener prueba de que las recibió). Cuando hables con él, graba la llamada (con su consentimiento) o toma notas detalladas durante la conversación. Documenta la fecha y hora de la llamada, el nombre del cobrador y todo lo que hablen.

Ten mucho cuidado con lo que le dices. Usará cualquier cosa que digas para lograr cobrar la deuda. No hables con él sobre tu salario, tu presupuesto u otras facturas que tengas que pagar. Mantén la conversación enfocada en la deuda específica que te quiere cobrar, pero no aceptes ninguna responsabilidad por la deuda hasta que hayas verificado que es real y correcta.

¿Pueden los cobradores de deudas llamarme al trabajo?

Si tú o tu empleador le dicen al cobrador de deudas que no te llame al trabajo, el cobrador tiene prohibido hacerlo bajo la Ley de Prácticas Justas de Cobro de Deudas.

DECLARARSE EN BANCARROTA

El último recurso

La bancarrota es un proceso judicial federal que coloca al deudor bajo la protección del tribunal de bancarrotas mientras intenta pagar sus deudas (bancarrota conforme al capítulo 13) o elimina las deudas por completo (bancarrota conforme al capítulo 7). Al solicitar la bancarrota, entra en vigencia una suspensión automática. Esta suspensión prohíbe a los acreedores intentar cobrar la deuda sin la aprobación del tribunal, incluso si el banco ha iniciado el proceso de ejecución hipotecaria de la casa del deudor. En esta situación, la solicitud de bancarrota conforme al capítulo 13 podría darte el tiempo que necesitas para vender la casa tú mismo y cancelar la hipoteca.

Antes de recurrir a la bancarrota, es posible que haya otras cosas que puedas hacer para mejorar tu situación. Si no se trata de una deuda abrumadora, es posible que puedas reducir los gastos no esenciales y conseguir el dinero necesario para pagar la deuda. También podrías vender el automóvil o tu casa y comprar otros menos costosos. Si no has aprovechado las últimas tasas hipotecarias bajas, refinanciar la hipoteca (de nuevo) podría permitirte obtener algunos cientos de dólares al mes que podrías destinar a pagar la deuda.

Como último recurso, puedes solicitar un retiro por dificultades económicas de tu plan 401(k) si el plan lo permite.

Si estás pensando en retirar dinero de tu plan 401(k), comunícate con un asesor financiero de confianza para que te ayude a determinar la mejor forma de hacerlo.

BANCARROTA CONFORME AL CAPÍTULO 13: REORGANIZACIÓN

La bancarrota conforme al capítulo 13 implica la reorganización de las deudas. Deberás presentar una propuesta ante el tribunal de bancarrotas con un detalle del plan de pago y un presupuesto pormenorizado, que el tribunal podría impugnar si el juez, el fideicomisario o un acreedor considera que incluye elementos no esenciales. Tendrás que usar todos tus ingresos disponibles (el dinero que te quede después de pagar necesidades básicas como la electricidad y el agua) para cubrir los pagos de la deuda. Si deseas gastar dinero en cualquier otra cosa, necesitarás la autorización del tribunal. Si el tribunal acepta tu propuesta, podría embargar tu salario durante el periodo de reembolso, que en general dura de tres a cinco años. Si solicitas una bancarrota conforme al capítulo 13, de inmediato puedes comenzar a realizar los pagos regulares de la hipoteca y los pagos de recuperación requeridos por el plan de reembolso para evitar perder tu casa.

Antes de tomar la decisión de declararte en bancarrota, debes saber de qué deudas puedes librarte y de cuáles seguirás siendo responsable. Las deudas que no se pueden cancelar ni condonar incluyen las siguientes:

- Manutención de hijos o pensión alimenticia
- Deudas por lesiones personales o muerte causadas por conducir en estado de ebriedad
- La mayoría de los préstamos estudiantiles
- Multas de tráfico y otras penalidades o sanciones impuestas por infringir la ley

- Ciertos tipos de impuestos adeudados
- Deudas que olvidaste incluir en los documentos de solicitud de bancarrota

Es más difícil declararse en bancarrota

En 2005, el Congreso modificó drásticamente el sistema de bancarrota. Se sancionó la Ley de Prevención del Abuso de Bancarrotas y Protección al Consumidor de 2005, que hace que sea más difícil recurrir a la solicitud de bancarrota como protección. Entre otros cambios, se ha vuelto más difícil calificar para el capítulo 7 y se requieren sesiones de asesoramiento financiero.

Requisitos para la solicitud de bancarrota conforme al capítulo 13

Dado que el reembolso de algunas de la deudas constituye la base de este tipo de bancarrota, debes contar con suficientes ingresos regulares para cubrir los pagos mensuales. Los ingresos regulares pueden incluir beneficios del seguro social, cuidado de niños o pensión alimenticia e ingresos por alquiler y, por supuesto, la remuneración proveniente de un empleo o trabajo por cuenta propia. También debes estar al día con las declaraciones de impuestos sobre la renta. No puedes exceder las limitaciones de deuda actuales que establece el capítulo 13, las cuales se modifican cada tres años. Para 2020, las limitaciones fueron de $1 257 850 para deudas garantizadas y de $419 275 para deudas no garantizadas.

BANCARROTA CONFORME AL CAPÍTULO 7: LIQUIDACIÓN

Conforme al capítulo 7, liquidación, debes entregar la mayor parte de tus bienes personales al tribunal, el cual designará a un fideicomisario para proceder a su venta y usar los fondos obtenidos para pagar todas o algunas de las deudas. Es posible que te autoricen a conservar ciertos bienes exentos (como tu casa o tu automóvil), pero eso dependerá en parte del estado en que resides, tu porcentaje de propiedad de la vivienda y si estás al día con los pagos. Todo este proceso lleva unos seis meses. Una vez finalizado, todas las deudas se cancelarán por completo, excepto algunos tipos de deuda que seguirán estando en los libros (más sobre este tema más adelante).

¿Es la bancarrota conforme al capítulo 7 una opción para ti?

Después de la sanción de Ley de Prevención del Abuso de Bancarrotas y Protección al Consumidor de 2005, acceder a la bancarrota conforme al capítulo 7 se volvió difícil. Ahora, si el tribunal determina que tienes suficientes ingresos disponibles, deberás presentar una bancarrota conforme al capítulo 13. Es posible que tampoco puedas solicitar la bancarrota conforme al capítulo 7 si ya te habías declarado en bancarrota antes, en los últimos seis a ocho años.

La bancarrota conforme al capítulo 7 podría ser una buena opción para ti si tienes muchas tarjetas de crédito u otras deudas no garantizadas, pocos activos y bajos ingresos. Consulta a un asesor crediticio y a un abogado especializado en bancarrotas antes de dar este paso. Podría haber otras formas de manejar las deudas que te darán más control sobre la situación.

Deudas que no se pueden cancelar ni condonar

Algunas deudas, como la manutención de hijos y los impuestos adeudados, no pueden eliminarse con el procedimiento de bancarrota. En la mayoría de los casos, pero no todos, la deuda de préstamos estudiantiles no se cancelará bajo el capítulo 7. Además, es casi seguro que serás responsable de las deudas impugnadas por tus acreedores.

Estas incluyen las siguientes:

- Deudas en que incurriste por fraude, como las obtenidas con información falsa en una solicitud de crédito
- Compras a crédito por encima de un cierto monto en los sesenta días anteriores a la solicitud de bancarrota
- Préstamos o adelantos en efectivo que superen un cierto monto en los meses anteriores a la solicitud de bancarrota
- Deudas en que incurriste al dañar deliberadamente propiedad de otra persona

También seguirás siendo responsable de cualquier deuda que no incluyas en la presentación ante el tribunal, por lo que si eliges esta opción, asegúrate de incluir todas las deudas que tengas cuando completes la documentación.

La bancarrota conforme al capítulo 7 seguirá figurando en tu informe crediticio por un periodo de hasta diez años a partir del día en que presentes la solicitud. Durante este periodo, es posible que rechacen tus solicitudes de crédito o que te cobren tasas más altas por los préstamos o las tarjetas de crédito que solicites. Usar el crédito de forma responsable de ahora en adelante puede ayudarte a recomponer tu historial crediticio, pero eso no sucederá de la noche a la mañana. Ten cuidado al contraer nuevas deudas y asegúrate de poder cumplir con todos los pagos en término.

GESTIÓN DE LAS DEUDAS

Si te declaraste en bancarrota por administración irresponsable del dinero, no te ayudará a largo plazo a menos que cambies tus hábitos de gasto. En cambio, si la solicitud de bancarrota se debió a la pérdida del empleo, facturas médicas onerosas, discapacidad, muerte, divorcio u otras circunstancias que no se encuentran totalmente bajo tu control, podría ser la oportunidad para empezar de nuevo. Si te declaras en bancarrota, el tribunal impondrá restricciones sobre la forma en que puedes gastar el dinero y no te permitirá comprar cosas que no considere esenciales.

De hecho, la bancarrota conforme al capítulo 13 puede ayudarte a adquirir disciplina financiera, lo que podría evitar que se repita la misma situación, ya que deberás vivir con un presupuesto estricto durante todo el periodo de reembolso, que suele ser de entre tres y cinco años.

El periodo de diez años posterior a la solicitud de bancarrota puede ser difícil, ya que te seguirá a todas partes cada vez que solicites un crédito o, a veces, incluso cuando te postules para un empleo.

CÓMO EVITAR ESTAFAS Y ARDIDES FINANCIEROS

Ten en cuenta que hay muchas personas de dudosa honestidad que se autodenominan asesores crediticios, pero que en realidad solo se aprovechan de personas desesperadas. Antes de proporcionar cualquier información personal o firmar algo, averigua bien para asegurarte de que estés tratando con una empresa de buena reputación. A veces, puede ser difícil distinguir a las personas honestas de los sinvergüenzas en el mundo del asesoramiento crediticio. Evita las empresas que:

- No te envían información gratuita.
- No divulgan sus cargos por adelantado.
- Te piden dinero antes de hablar contigo.
- Te prometen que mejorarán tu calificación crediticia.
- Te prometen que pueden detener demandas pendientes o potenciales.

Si notas cualquiera de estas señales de alerta, no trabajes con esa empresa.

Estafas de reparación de crédito

Estás endeudado hasta el cuello, los cobradores de deudas te acosan cada vez que te das la vuelta, no puedes acceder a un crédito y, de repente, aparece una clínica de reparación de crédito que promete «limpiar» tu historial crediticio en cuestión de tan solo días. ¿No te suena demasiado bueno para ser verdad? Si alguien te dice que puede mejorar tu calificación crediticia de la noche a la mañana, es una estafa. Reparar una mala reputación crediticia no es una tarea rápida ni sencilla. Cualquiera que te prometa que puede hacerlo está mintiendo.

Evita trabajar con cualquier persona que te ofrezca cualquiera de las siguientes soluciones para reparar tu mala reputación crediticia:

- Comenzar de nuevo con un nuevo número de seguro social, lo cual es ilegal.

- Darte una nueva «identidad crediticia» y un nuevo número de perfil crediticio (credit profile number, CPN), lo cual es ilegal.
- Eliminar información negativa pero verdadera (como bancarrotas) de tu informe crediticio, lo cual es ilegal.
- Garantizar un aumento fijo (como 200 puntos) en tu calificación crediticia, lo cual es una mentira.

La verdad es que la única forma de reparar una mala reputación crediticia y aumentar tu calificación crediticia es pagar tus deudas y adquirir buenos hábitos financieros. Cualquiera que te diga lo contrario te está estafando.

Préstamos de día de pago y estafas de préstamos con cargos por adelantado

Si te encuentras en una situación financiera apremiante, puede parecerte que un préstamo de día de pago te salvará la vida, pero ese «rescate» financiero tiene un costo muy alto. Estos préstamos están sujetos a tasas de interés altísimas —las tasas porcentuales anuales (APR) pueden llegar a ser del 400 %— y pueden hacerte caer en el círculo vicioso de tener que pedir prestado más dinero solo para salir adelante.

Así es como funciona: a cambio de un cheque personal posdatado o una autorización para retirar dinero directamente de tu cuenta corriente, un prestamista de día de pago básicamente te da un anticipo sobre tu próximo cheque de pago, el cual deberás devolver de inmediato (por lo general, en no más de dos semanas). Por este favor, el prestamista te cobra un cargo por cada $100 prestados. La forma en que te lo explican hace que parezca que no estás pagando una cantidad exorbitante, tan solo $10 o $15 por

$100. Pero, en realidad, tendrá un impacto mucho mayor en tus finanzas.

Si el prestamista te cobra $15 por cada $100 que pides prestado, suena como una tasa de interés del 15 %. Pero como el préstamo debe devolverse en dos semanas, la APR real es del 390 % (15 % dividido por 2 semanas multiplicado por 52 semanas). En comparación, ni siquiera las tarjetas de crédito con las tasas más altas aplican APR de tres dígitos, y esa es una de las razones por las que los préstamos de día de pago son sumamente tóxicos para tus finanzas.

Dado que tienes que devolverle el dinero al prestamista en cuanto recibas tu próximo cheque de pago, no podrás disponer de ese cheque para cubrir tus gastos, lo que te obligará a tomar otro préstamo de día de pago (y el prestamista estará muy feliz de «darte una mano»). Si no puedes devolverlo, el prestamista puede obtener un fallo en tu contra y embargar tu salario. Romper el círculo vicioso puede ser muy difícil. La única forma de hacerlo es dejar de pedir dinero prestado de esta manera. Deberás encontrar otras opciones para obtener efectivo, aunque eso signifique pedirle dinero prestado a tu familia.

Estafas actuales

En el sitio web de la FTC en www.ftc.gov hay una lista de todas las estafas actuales y otros ardides inescrupulosos. Antes de involucrarte en algo que suena demasiado bueno para ser verdad, consulta la FTC o uno de los grupos de defensa del consumidor en línea que monitorean los fraudes.

Capítulo 5

Préstamos estudiantiles

Si te encuentras entre el 69 % de las personas que tienen préstamos estudiantiles, hay muchas cosas que debes aprender sobre cómo reembolsarlos y cómo mantener los costos de los intereses lo más bajos posible. Si la idea de tener que pagar los saldos cuantiosos que adeudas te parece abrumadora, o si tienes dificultades para cumplir con los pagos, hay otras opciones que pueden simplificar las cosas.

TIPOS DE PRÉSTAMOS ESTUDIANTILES

Lo que debes saber antes de solicitarlos

El tipo más común de préstamo estudiantil son los préstamos directos. Estos préstamos pueden ser subsidiados, lo que significa que el Gobierno federal paga los intereses mientras tú estudias y durante los periodos de gracia y prórroga, o no subsidiados, lo que significa que tú eres el responsable de pagar los intereses desde el día en que solicitas el préstamo. Si no hiciste ningún pago de intereses mientras estabas estudiando, terminarás acumulando un saldo mayor que el monto que pediste prestado, ya que los intereses se agregan al saldo del préstamo. Un préstamo más grande significa que los pagos mensuales serán más altos y que deberás pagar más intereses durante la vigencia del préstamo.

PERIODOS DE GRACIA

El día después de que termines tus estudios, ya sea porque te graduaste, abandonaste o pasaste a ser un estudiante de menos de medio tiempo, comenzará tu periodo de gracia (que suele ser de al menos seis meses). Durante el periodo de gracia, no es necesario que empieces a hacer pagos mensuales. El primer pago del préstamo vencerá al final del periodo de gracia, pero eso no significa que no puedas comenzar a realizar pagos antes. Si no estás seguro de cuándo debes hacer el primer pago, consulta al administrador del préstamo.

Proporciona a los prestamistas tu información de contacto

Asegúrate de proporcionar a tus prestamistas tus datos de contacto actuales para que puedan comunicarse contigo durante el periodo de gracia e informarte el monto de los pagos mensuales, las fechas de vencimiento, cuánto tiempo te llevará reembolsar los préstamos y las tasas de interés vigentes.

PRÓRROGAS Y SUSPENSIONES TEMPORALES DE COBRO

Si tienes problemas para cumplir con los pagos de préstamos estudiantiles, tienes otras opciones además de entrar en estado de incumplimiento (es decir, dejar de pagar). La prórroga es una opción que puede darte cierto alivio si estás atravesando un periodo de dificultades financieras. Si calificas para una prórroga del préstamo, no tendrás la obligación de realizar pagos de capital durante ese periodo. Si tienes un préstamo directo no subsidiado, serás responsable de realizar los pagos de intereses durante el periodo de prórroga o, de lo contrario, los intereses se agregarán al saldo pendiente de pago. Si tienes un préstamo subsidiado, el Gobierno federal se encargará de hacer los pagos de intereses por ti. Puedes cumplir con los requisitos para una prórroga en los siguientes casos:

- Desempleo
- Inscripción en una institución educativa como estudiante de al menos medio tiempo

- Servicio militar activo
- Servicio en el Cuerpo de Paz
- Dificultades financieras
- Programa de rehabilitación por discapacidad

Si no calificas para una prórroga, es posible que puedas calificar para una suspensión temporal de cobro, es decir, un acuerdo especial con el prestamista que te permite reducir o posponer los pagos de capital temporalmente. Los intereses continuarán acumulándose durante este periodo, tanto sobre los préstamos directos subsidiados como los no subsidiados, y si no los pagas durante la suspensión temporal de cobro, se agregarán al saldo pendiente de pago. Esto terminará costándote más a largo plazo, ya que deberás pagar intereses sobre los intereses.

No te retrases

Los pagos de préstamos estudiantiles realizados fuera de término se reportan a las agencias de informes crediticios al igual que los pagos atrasados de tarjetas de crédito, hipotecas o automóviles. Esta información puede permanecer en tu historial crediticio hasta por siete años, a menos que rehabilites el préstamo.

Comunícate con el administrador del préstamo para solicitar una suspensión temporal de cobro. Es posible que debas completar una solicitud de suspensión temporal de cobro general o que te la otorguen por vía telefónica (queda a su discreción otorgarla o no, pero por lo general lo hacen). Las suspensiones temporales de cobro no tienen un límite de duración, pero debes tratar de que sea lo más corta posible. Si bien esta es una mejor opción que dejar de pagar el préstamo, sigue siendo una opción costosa. Cuanto más tiempo dure la suspensión temporal de cobro, mayor será la deuda que acumules. Si puedes, usa la opción de pago reducido en lugar de una suspensión temporal de cobro total para evitar que tu situación financiera empeore aún más.

Para solicitar una prórroga o suspensión temporal de cobro, debes completar una solicitud que puedes obtener a través de tu prestamista. Algunos las ofrecen en línea. Dentro de los treinta días posteriores a la presentación de tu solicitud, se te notificará por escrito si se aprobó o no la prórroga o la suspensión temporal de cobro.

CÓMO HACER QUE LOS PAGOS SEAN MÁS MANEJABLES

Cuanto antes comiences a pagar los préstamos y más pagues por mes, menos terminarán costándote los préstamos a largo plazo. Si tienes dificultades para cumplir con los pagos del préstamo, es mejor ser proactivo que pagar fuera de término o dejar de pagar. Llama a tu prestamista ante el primer indicio de que podrías tener problemas para cumplir con los pagos.

Hay varias opciones para simplificar los pagos de un préstamo. Una es la consolidación de préstamos: esta opción te permite combinar todos tus préstamos estudiantiles elegibles en un solo préstamo con un pago mensual. Otra opción, si te resulta posible desde el punto de vista financiero, es pagar por adelantado la totalidad o parte de tus préstamos estudiantiles en cualquier momento sin penalidades, lo que puede reducir en gran medida los costos de los intereses.

Opciones de reembolso

Si tienes préstamos estudiantiles federales y no puedes cumplir con la totalidad del pago mensual, es posible que puedas cambiar de plan de pago. Hay varias opciones disponibles:

- **Reembolso estándar:** pagas el mismo monto cada mes durante diez años o menos, lo que da como resultado costos de intereses más bajos que la mayoría de las otras opciones, excepto el pago por adelantado.
- **Reembolso gradual:** pagas el préstamo durante el mismo periodo (diez años), pero los pagos son más pequeños durante los primeros dos años y van aumentando gradualmente en los años posteriores. Dado que los pagos más bajos incluyen principalmente intereses y no pagas el saldo tan rápido, deberás pagar más intereses durante la vigencia del préstamo.
- **Plan de pago a medida que ganas (Pay As You Earn, PAYE):** Los pagos mensuales se calculan cada año de forma tal que sean iguales al 10 % de tus ingresos discrecionales (de acuerdo con las pautas del Departamento de Educación de EE. UU.), pero nunca más de lo que serían bajo el plan estándar.
- **Plan de pago a medida que ganas revisado (Revised Pay As You Earn, REPAYE):** Los pagos mensuales se calculan cada año de forma tal que sean iguales al 10 % de tus ingresos discrecionales (y pueden ser superiores a los pagos del plan estándar).
- **Plan de reembolso basado en los ingresos (Income-Based Repayment, IBR):** Los pagos mensuales se calculan cada año

de forma tal que sean iguales al 10 % de tus ingresos discrecionales (15 % si los préstamos son anteriores a julio de 2014).

- **Plan de reembolso supeditado a los ingresos (Income-Contingent Repayment, ICR):** Los pagos equivalen al 20 % de tus ingresos discrecionales o al monto al que ascenderían los pagos mensuales calculados durante doce años.
- **Plan de reembolso sensible a los ingresos (Income-Sensitive Repayment, ISR):** La duración del préstamo aumenta a quince años y los pagos mensuales se recalculan anualmente en función de tus ingresos.
- **Reembolso prorrogado:** puedes usar este plan si adeudas más de $30 000 en préstamos estudiantiles federales. Te permite realizar pagos mensuales más bajos al prorrogar la duración del préstamo hasta veinticinco años.

CÓMO ADMINISTRAR LOS PRÉSTAMOS ESTUDIANTILES

Algunas estrategias

Para ser considerado para un préstamo estudiantil, debes marcar la opción «Yes» (Sí) en la sección del formulario Solicitud gratuita de ayuda federal para estudiantes (Free Application for Federal Student Aid, FAFSA) en la que se pregunta sobre tu interés en préstamos estudiantiles.

Las tasas de interés de los préstamos estudiantiles federales oscilan entre el 4 y el 7 % (las tasas pueden cambiar cada año) durante la vigencia del préstamo, que suele ser de diez años. No debes pagar intereses mientras estudias, siempre y cuando seas estudiante de medio tiempo como mínimo, aunque se pueden acumular intereses sobre el préstamo durante ese tiempo. Hay un periodo de gracia de seis meses después de que te gradúes, si dejas de ser estudiante de medio tiempo como mínimo o si dejas de estudiar por cualquier motivo. El reembolso comienza al final del periodo de gracia y se realiza directamente al administrador del préstamo.

TÉRMINOS DEL PRÉSTAMO

Es posible que puedas acceder a una prórroga o una suspensión temporal de cobro con un préstamo Perkins si la solicitas a la universidad. Durante una prórroga, puedes posponer temporalmente los pagos sin que se acumulen intereses. Si no cumples los requisitos para acceder a una prórroga, es posible que puedas calificar para una suspensión temporal de cobro, que te permite reducir o posponer los pagos por un periodo de tiempo limitado. Se acumularán intereses durante este periodo y tú serás el responsable de pagarlos.

Parte del préstamo Perkins puede condonarse o cancelarse si trabajas a tiempo completo en ciertas ocupaciones, como maestro en una escuela de bajos ingresos o en ciertas áreas temáticas en que hay escasez de maestros.

PRÉSTAMOS PLUS

Los padres de estudiantes dependientes también pueden acceder a préstamos conocidos como préstamos PLUS. Para calificar, el padre o la madre debe ser aprobado a través de una verificación crediticia y asumir la responsabilidad del préstamo. Los estudiantes de posgrado pueden presentar la solicitud por su cuenta y la aprobación se basará en su propia calificación crediticia. La tasa de interés es fija (a partir de abril de 2020 era del 7,08 %) y el pago debe comenzar sesenta días después del desembolso del préstamo. El Programa federal de préstamos directos cobrará un cargo de gestión del 4,248 %, que se agregará al monto del préstamo.

HAZ UN SEGUIMIENTO DE LAS TASAS DE INTERÉS

Las tasas de interés y los cargos de los préstamos federales directos pueden consultarse en línea en www.studentaid.gov. El Congreso ajusta periódicamente los intereses (fijos o variables) y las tasas de interés máximas que se aplicarán cada año académico. Asegúrate de buscar la información más actualizada cuando averigües por un préstamo.

Considera solicitar que los pagos de préstamos estudiantiles federales se deduzcan automáticamente de tu cuenta bancaria cada mes para reducir la tasa de interés por un 0.25 % y asegúrate de no atrasarte nunca con los pagos.

Deuda estudiantil, en números

Según Forbes, en 2020 había 45 millones de prestatarios que debían aproximadamente $1,56 mil millones en concepto de deuda de préstamos estudiantiles en los Estados Unidos. Para los miembros de la clase de 2018, la deuda promedio de préstamos estudiantiles es de $29 200, un aumento del 2 % con respecto al año anterior.

INCUMPLIMIENTO DE PAGO DE UN PRÉSTAMO ESTUDIANTIL

Los préstamos estudiantiles son la primera deuda real en que incurren muchas personas. Los pagos fuera de término o los incumplimientos pueden perjudicar seriamente tu historial crediticio durante muchos años, pero si pagas en término, puedes construir un historial crediticio positivo que te ayudará a calificar para una hipoteca de vivienda, un préstamo para un automóvil nuevo u otro tipo de crédito. El Gobierno federal ha hecho que sea cada vez más difícil evadir la deuda de un préstamo estudiantil, y no hay un plazo de prescripción, por lo que puedes estar seguro de que te perseguirá para siempre si no cumples con los pagos.

¿Qué constituye un incumplimiento?

Si no realizas ningún pago durante 270 días (alrededor de nueve meses), se considerará que estás en incumplimiento de pago de tu préstamo estudiantil federal (los plazos pueden ser diferentes en el caso de los préstamos privados). Una vez que estés en incumplimiento, el administrador del préstamo presentará un reclamo ante la agencia de garantía, que comprará tu cuenta al prestamista y asignará el préstamo a una agencia de cobranza. Perderás todas las protecciones y opciones que incluyen los préstamos estudiantiles federales. El Gobierno también notificará a todas las agencias de crédito.

Consecuencias del incumplimiento

Si no pagas el préstamo en incumplimiento de pago de inmediato, podrían retenerte los reembolsos del impuesto sobre la renta federal y aplicarlos al pago del saldo del préstamo, embargar tu salario, cobrarte los costos de la cobranza por hasta el 40 % del préstamo e iniciar acciones legales. Si tienes una licencia o un certificado profesional de cualquier tipo (en las áreas de medicina, derecho, contabilidad, etc.), podrían ser revocados. Es posible que ya no seas elegible para los programas federales de ayuda financiera. También perderás la elegibilidad para préstamos federales, como los préstamos FHA y VA, que permiten a muchas personas comprar una casa para la que de otro modo no calificarían, y es posible que se rechacen tus solicitudes de tarjetas de crédito u otras formas de crédito. El Gobierno podría incluso demandarte y embargar tu automóvil, cuentas bancarias y otros bienes valiosos que poseas y poner un gravamen sobre tu casa, si eres propietario. El incumplimiento aparecerá en tu informe crediticio durante siete años y podría afectar tus posibilidades de alquilar una casa o apartamento, comprar un automóvil, calificar para una hipoteca o incluso encontrar empleo.

Cómo evitar el incumplimiento

Si tienes problemas para cumplir con los pagos de un préstamo, hay varias opciones. Puedes modificar el plan de reembolso, solicitar una prórroga o una suspensión temporal de cobro, o solicitar una consolidación de préstamos para reducir los pagos mensuales. Si lo has intentado todo y aún tienes problemas para pagar el préstamo, comunícate con el asesor de prestatarios, quien puede actuar como enlace entre tú y tu prestamista para ayudarte a encontrar una solución a tu problema. En realidad, los prestamistas no quieren que dejes de pagar el préstamo y, por lo general, te ofrecerán algunas alternativas. Solo tienes que preguntar antes de que sea demasiado tarde.

REHABILITACIÓN DE UN PRÉSTAMO FEDERAL EN INCUMPLIMIENTO DE PAGO

Una vez que hayas incurrido en incumplimiento de pago de tus préstamos estudiantiles, se calcularán los intereses impagos y el saldo total del préstamo deberá pagarse de inmediato. Cuando llegues a esta instancia, tienes varias opciones para evitar las consecuencias negativas del incumplimiento:

- Puedes pagar la totalidad del préstamo estudiantil en un pago único.
- Puedes establecer acuerdos de pagos mensuales con tu agencia de garantía o cobranza (rehabilitación).
- Puedes consolidar tu cuenta en un nuevo préstamo.

Cuando llegues a un acuerdo de pago con tu prestamista, agencia de garantía o agencia de cobranza, se creará un nuevo préstamo que elimina el préstamo original impago. Si tienes préstamos estudiantiles privados en lugar de federales, las opciones pueden ser diferentes.

El proceso de rehabilitación

La rehabilitación es un programa federal de pago que se ofrece a los titulares de préstamos estudiantiles que han incumplido con sus préstamos. Para rehabilitar un préstamo, debes realizar nueve pagos mensuales seguidos en término. A continuación, tu préstamo dejará de estar en situación de incumplimiento. Solo se puede rehabilitar un préstamo estudiantil en incumplimiento de pago una vez.

Recupera los beneficios de tu préstamo estudiantil

Además de eliminar el incumplimiento de tu préstamo de los informes enviados a las agencias de información crediticia, la rehabilitación te ayuda a recuperar los beneficios del préstamo estudiantil si aún los necesitas, y restablece tu elegibilidad para acceder a ayuda financiera para estudiantes.

RESOLUCIÓN DE DISPUTAS CON PRÉSTAMOS ESTUDIANTILES

A veces ocurren errores en el mantenimiento de los registros de los préstamos estudiantiles. Si consideras que hay un error en tu préstamo estudiantil (un saldo incorrecto, pagos no acreditados, una tasa de interés incorrecta, datos personales incorrectos u otro error), comunícate con el administrador del préstamo. Si no puedes resolver el problema por tu cuenta, como último recurso puedes comunicarte con el defensor del pueblo de Ayuda Estudiantil Federal (Federal Student Aid, FSA) del Departamento de Educación llamando al 1-877-557-2575 o escribiendo a: US Department of Education, FSA Ombudsman, PO Box 1843, Monticello, KY 42633. También puedes completar una solicitud de asistencia en línea a través del sistema de comentarios de la FSA en www.studentaid.gov.

CONSOLIDAR PRÉSTAMOS ESTUDIANTILES

La posibilidad de combinarlos

Las decisiones que tomes sobre los reembolsos de tus préstamos estudiantiles pueden tener un gran impacto en tus finanzas en el futuro, por lo que, antes de lanzarte a consolidar tus préstamos, investiga qué opciones tienes y asegúrate de que vas a lograr tu propósito sin sorpresas costosas.

LOS BENEFICIOS DE LA CONSOLIDACIÓN

Si tienes varios préstamos estudiantiles (como es el caso de muchas personas), es posible que desees consolidarlos después de graduarte simplemente para simplificar el mantenimiento de registros y el pago. También es posible que desees aprovechar el periodo de reembolso más prolongado y el pago general más bajo que podrías obtener con la consolidación. La consolidación puede ser una buena opción para ti si tienes una deuda educativa onerosa, deseas pagar una tasa fija o quieres reducir tus pagos mensuales y estás dispuesto a pagar más durante la vigencia del préstamo para lograrlo.

Bajo el Programa federal de préstamos directos (Federal Direct Loans Programs), puedes consolidar tus préstamos estudiantiles federales a una tasa de interés fija con solo un pago al mes. La tasa de interés de los préstamos de consolidación es un promedio ponderado de las tasas de interés de todos tus préstamos estudiantiles, por lo que, básicamente, pagarás la misma tasa de interés general. El programa federal también te permite prolongar el plazo del préstamo hasta treinta años. Ten en cuenta que la prolongación de la duración del préstamo te costará mucho más en intereses, pero no hay penalidades por pagos anticipados, por lo que siempre puedes pagar más o pagar la totalidad del préstamo antes del vencimiento.

Antes de prolongar el periodo de reembolso de tu préstamo, usa una calculadora en línea para calcular el costo real a lo largo del tiempo.

Es posible que no necesites consolidar tus préstamos

Si tan solo deseas simplificar los pagos, puedes consolidar todos los préstamos que tienes con un prestamista en cualquier momento sin recurrir a un préstamo de consolidación. Si tu objetivo es pagar una tasa de interés más baja, recuerda que después de realizar cuarenta y ocho pagos consecutivos en término, podrías calificar para una reducción de la tasa de interés. Esto podría significar una tasa más baja de la que podrías obtener al consolidar tus préstamos, de acuerdo a tu tasa de interés actual. Para averiguar qué te conviene, prueba la calculadora de consolidación de préstamos en línea de Sallie Mae de la sección de herramientas y calculadoras en www.salliemae.com.

También puedes considerar refinanciar la deuda para obtener una mejor tasa de interés.

UNA EXENCIÓN TRIBUTARIA

Si cumples con ciertos criterios, como los límites de ingresos, podrías deducir de impuestos hasta $2500 al año en intereses sobre la mayoría de los préstamos estudiantiles. Debes haber utilizado los fondos del préstamo sólo para gastos elegibles de educación superior (matrícula, cuotas, alojamiento y comida, materiales y otros gastos relacionados), y debes haber estado inscrito como estudiante de medio tiempo como mínimo en un programa calificado de una institución elegible.

A partir del año fiscal 2019, la deducibilidad comenzó a eliminarse de forma gradual si los ingresos eran de entre $65 000 y $80 000 en el caso de contribuyentes solteros y entre $135 000 y $165 000 en el caso de parejas que presentan una declaración de impuestos conjunta. Estos límites se incrementan de vez en cuando para ajustarlos a la inflación, por lo que te conviene consultar la publicación 970 del IRS para conocer los límites vigentes. A diferencia de la deducción de intereses hipotecarios, no es necesario que proporciones detalles para acceder a esta deducción. Si estás casado, debes presentar una declaración conjunta.

HAZ QUE LA UNIVERSIDAD SEA MÁS ASEQUIBLE

Si estás comenzando una familia propia, te conviene evaluar opciones para ayudar a tus hijos a pagar la educación. Quizás quieras mantener los préstamos estudiantiles de tus hijos al mínimo. En ese caso, nunca es demasiado pronto para buscar estrategias para hacer que la educación superior sea más asequible.

Ahorrar para la universidad

Una forma de ayudar a tus hijos a costear la universidad es acumular fondos que se pueden destinar al pago de su educación.

Puedes hacer esto de varias maneras, pero las mejores opciones incluyen planes de ahorro para la universidad y ciertos tipos de cuentas de jubilación.

Planes 529

Los planes de ahorro para la universidad de la sección 529 son patrocinados por cada estado con el propósito de ayudar a las personas a ahorrar para la educación. Esa educación incluye la universidad, la educación de posgrado, la escuela de oficios y las escuelas privadas de primaria y secundaria. Estos planes se han vuelto populares por sus beneficios fiscales, altos límites de aportaciones y flexibilidad.

Puedes ahorrar mucho dinero en un plan 529—cientos de miles de dólares—y la aportación máxima dependerá de las leyes de tu estado. Si usas el plan 529 de tu estado, es posible que seas elegible para una deducción del impuesto sobre la renta estatal por tus aportaciones. Además, las ganancias en la cuenta crecen libres de impuestos, por lo que el saldo puede crecer más rápido. Por último, si usas el dinero para pagar gastos de educación calificados (que se definen de manera bastante amplia), no tendrás que pagar impuestos sobre la renta cuando retires el dinero. En cambio, si usas el dinero para pagar gastos no calificados, tendrás que pagar impuestos y posiblemente penalidades sobre la parte de ganancias del retiro.

Los gastos educativos calificados incluyen los siguientes:

- Matrícula
- Cuotas
- Materiales y equipos (como libros de texto) necesarios para las clases

Los gastos que no califican incluyen los siguientes:

- Alojamiento y comida
- Transporte
- Seguros
- Gastos médicos

Si tu hijo no va a la universidad, tienes la posibilidad de transferir los fondos a otro miembro de la familia sin que se apliquen penalidades. Incluso puedes usar los fondos tú mismo, por ejemplo, para estudiar una carrera de posgrado.

Ten en cuenta que si nadie usa los fondos para educación superior, es posible que debas pagar impuestos y penalidades sobre las ganancias que retires de la cuenta. No obstante, las penalidades podrán reducirse o eliminarse si tu hijo obtiene una beca y no necesita el dinero.

Cuentas de ahorro para la educación (Education Savings Accounts, ESA) Coverdell

Puedes aportar hasta $2000 al año por beneficiario (futuro estudiante) a este tipo de cuenta, antes conocida como «IRA para la educación». Esto puede ir acumulándose con el tiempo, en especial si tienes varios hijos (o nietos), ya que puedes aportar $2000 anualmente a cuentas ESA separadas para cada hijo (o nieto). Se permite realizar aportaciones anuales hasta que el beneficiario de la cuenta cumpla los dieciocho años.

Si no estás casado, tu posibilidad de hacer aportaciones a cuentas ESA se elimina gradualmente si tus ingresos brutos ajustados (adjusted gross income, AGI) son de $95 000 a $110 000. En el caso de contribuyentes que presentan una declaración de impuestos conjunta, el rango para la eliminación gradual es de $190 000 a $220 000. Las ganancias de las cuentas ESA se acumulan libres de impuestos y, más adelante, el dinero se puede retirar (también libre de impuestos) para pagar los gastos escolares de primaria y secundaria o los universitarios del beneficiario de la cuenta. Si los retiros exceden los gastos de educación elegibles, la parte de las ganancias del retiro estaría sujeta a impuestos. Al igual que las aportaciones a las cuentas IRA Roth (cuentas de jubilación individuales que no se gravan en el momento de la distribución), las aportaciones a las cuentas ESA no son deducibles, pero el privilegio de retiro libre de impuestos lo compensa. Si el beneficiario no asiste a la universidad, no incurre en suficientes gastos para agotar su cuenta o está a punto de cumplir treinta años, el saldo se puede transferir libre de impuestos a la cuenta ESA de otro miembro de la familia o a un plan 529. Si la cuenta ESA no se ha utilizado o transferido antes de que el beneficiario cumpla treinta años, podrán aplicarse impuestos y penalidades.

Los gastos elegibles incluyen los siguientes:

- Matrícula y cuotas para asistir a escuelas privadas y religiosas
- Alojamiento
- Comida
- Uniformes
- Transporte
- Libros y materiales
- Tutoría académica
- Computadoras, equipos periféricos y programas informáticos
- Cargos por acceso a internet

Tienes hasta el 15 de abril del año siguiente para realizar tu aportación a la cuenta ESA para el año fiscal en cuestión. Por ejemplo, puedes hacer una aportación a la cuenta ESA correspondiente a 2020 hasta el 15 de abril de 2021.

Otras estrategias

Si consideras que tú o tu hijo tendrán que solicitar un préstamo para pagar los gastos de educación, empieza a prepararte con anticipación. Presta atención a la titularidad de los activos lo antes posible. Los activos que estén a tu nombre o a nombre de tu hijo pueden afectar la forma en que este califica para acceder a préstamos, becas y donaciones. Si tus padres quieren ayudar a su nieto, planifica con anticipación la manera en que sus activos pueden lograrlo. Por ejemplo, a menudo las cuentas 529 pueden recibir un tratamiento favorable de ayuda estudiantil, así que pídeles a la abuela y al abuelo que consideren hacer aportaciones a una cuenta 529.

Si trabajas por cuenta propia y tus hijos tienen la edad suficiente para trabajar, ponlos a trabajar. Puedes pagarles por hacer tareas como archivar, rellenar sobres y limpiar. Obtendrás una deducción de impuestos y ellos recibirán ingresos por su trabajo que podrían depositar en una cuenta IRA Roth. Por ejemplo, tu hijo podría financiar una cuenta IRA Roth y retirar las aportaciones (pero no las ganancias) sin incurrir en impuestos o penalidades en la universidad. Aunque los ingresos o activos a nombre de un hijo pueden perjudicar tus posibilidades de recibir ayuda financiera basada en necesidades, por lo general las cuentas de jubilación no se consideran para este propósito.

Además, considera la posibilidad de enviar a tu hijo a una institución de educación superior de dos años, local, durante el primer par de años de su educación. Gran parte de esos dos años se dedicarán a cursos de educación general y, por lo general, la matrícula será mucho menor que en una institución de cuatro años. El estudiante podrá transferirse a una institución terciaria o universidad de cuatro años durante los últimos dos años de estudio.

Capítulo 6

Trabajar: encuentra los ingresos que necesitas

El salario no siempre es el indicador más importante del potencial de un empleo. Saber cómo evaluar a un posible empleador, determinar tu valor en el mercado laboral, negociar el mejor salario y beneficios, y solicitar un aumento te ayudarán a optimizar el potencial de un empleo. En el volátil mercado actual, también es muy importante saber cómo protegerse desde el punto de vista financiero si pierdes tu empleo.

¿QUÉ TIPO DE EMPLEO BUSCAS?

Cómo encontrar el paquete total

El salario es un factor muy importante a la hora de elegir un empleo, pero no es el único a tener en cuenta. Evalúa el paquete de remuneración total: salario, seguro, licencia pagada, plan de jubilación y otros beneficios, que pueden sumar decenas de miles de dólares en remuneración no salarial. Una vez que hayas determinado el valor en dólares de los beneficios que ofrece el empleador, evalúa otros aspectos del empleo. Recuerda que hay algunas cosas a las que no se les puede poner precio, como la capacitación y la experiencia. Los mejores empleos te prepararán para el siguiente paso en tu carrera al enseñarte habilidades valiosas, brindarte capacitación práctica y ofrecerte abundantes oportunidades de progreso.

CÓMO EVALUAR UN EMPLEADOR POTENCIAL

Al evaluar a un empleador potencial, averigua todo lo que puedas sobre la industria. ¿Cuál es el historial de crecimiento de la industria y cuál es la demanda futura prevista para los bienes y servicios que produce o suministra esa industria? ¿Está de moda esa industria? ¿Está sujeta a regulación gubernamental? Si es así, ¿cuál es el posible impacto en la empresa? Debes suponer que es probable que tu primer empleador no será el último; las personas cambian de empleo cada cinco años en promedio.

No te quedes atascado

Puede haber momentos en que necesites un empleo (cualquier empleo) y no tengas el lujo de poder elegir, pero no tienes por qué quedarte en un empleo que no tiene futuro. Continúa tu búsqueda incluso después de encontrar empleo si el que tienes no te da lo que necesitas.

Averigua también todo lo que puedas sobre la empresa u organización. Y si conoces a alguien que haya trabajado para la organización, averigua todo lo que puedas sobre la cultura y el ambiente de la empresa y la calidad de la gerencia.

Evalúa el empleo

¿Qué sabes sobre el empleo en sí? ¿Hay un programa de capacitación u oportunidades para recibir educación adicional? ¿Cuáles son las tareas y obligaciones de todos los días? ¿A quién rendirás cuentas y cuál es el estilo de liderazgo de esa persona? ¿Cómo son tus posibles compañeros de trabajo? ¿El empleo requiere viajar, trabajar los fines de semana o trabajar muchas horas? ¿Cuál es el salario y el paquete de beneficios? Si el salario parece bajo, ¿hay beneficios que lo compensen?

CUÁNTO VALES PARA EL EMPLEADOR

Cuando recibas una oferta de empleo, ¿cómo sabrás si el salario es razonable? Antes de ingresar en el mercado laboral, tanto si se trata de tu primer empleo después de la universidad o de un nuevo paso en tu carrera profesional, debes saber cuál es el salario típico en tu zona para alguien con tu educación, capacitación y habilidades. Puedes encontrar información sobre salarios en línea en sitios web como Glassdoor e Indeed. Para un análisis más profundo, el Manual de perspectivas ocupacionales *(Occupational Outlook Handbook)* elaborado por la Oficina de Estadísticas Laborales (Bureau of Labor Statistics, BLS) es una valiosísima fuente de información sobre salarios en cientos de ocupaciones diferentes. También proporciona descripciones de las tareas características de cada empleo, las condiciones de trabajo, la capacitación y educación necesarias, y las perspectivas laborales en una amplia gama de ocupaciones. Además, el BLS proporciona información sobre salarios, ingresos y beneficios para muchas ocupaciones por región, estado y área metropolitana. Visita BLS en línea en www.bls.gov.

TU REMUNERACIÓN Y TUS BENEFICIOS

Cómo conseguir lo que vales

Se ha escrito mucho sobre cómo negociar el salario y los beneficios, pero todo se reduce a saber cuánto vales tú en el mercado, determinar qué beneficios son importantes para ti y ponerle un precio a los beneficios que ofrece tu futuro empleador para que puedas evaluar su verdadero valor. Cuando te reúnas con empleadores potenciales, averigua qué beneficios y ventajas ofrece la empresa a los empleados en el puesto para el que te estás postulando, de cuánto son en promedio los aumentos salariales y qué beneficios podría agregar la empresa si no puede o no quiere ofrecerte el salario que te gustaría ganar.

Los expertos advierten a los postulantes que posterguen la discusión del salario hasta bien entrado el proceso de la entrevista y que eviten decirles a los entrevistadores cuál es su salario actual. No debes conformarte con un rango salarial más bajo que el salario típico solo porque en tu empleo actual te pagan mal. Además, hablar sobre el salario al inicio del proceso puede significar que recibas una oferta más baja de lo aceptable o, por el contrario, que quedes fuera de carrera si tu salario actual es demasiado alto.

Calculadora del costo de vida

Para saber cuánto necesitarías ganar en una nueva ciudad para que sea equivalente a tu salario actual, usa la calculadora del costo de vida incluida en www.smartasset.com. Ingresa la ciudad y el estado de origen y los de destino, tu salario bruto actual e información básica sobre el tamaño de tu familia.

EVALÚA TUS BENEFICIOS COMO EMPLEADO

Los beneficios que ofrece el empleador son una parte importante de cualquier paquete de remuneración y pueden tener un efecto profundo en tus finanzas. Los empleadores suelen ofrecer una amplia gama de beneficios, incluyendo los siguientes:

- Planes de jubilación, como el plan 401(k)
- Planes grupales de seguro de salud, de vida, dental y de discapacidad
- Reembolso de matrícula
- Cuentas de gastos flexibles (Flexible Spending Accounts, FSA)
- Cuentas de ahorro para la salud (Health Savings Accounts, HSA)
- Planes de opciones sobre acciones
- Planes de bonificación
- Beneficios de vacaciones, días festivos y licencia por enfermedad (también llamados tiempo libre pagado o «paid time off», PTO)

Todos estos beneficios, así como otros no mencionados aquí, tienen un valor monetario que debes tener en cuenta al momento de evaluar tu salario o comparar ofertas de trabajo. Algunos beneficios, como los planes 401(k), también tienen ventajas fiscales que pueden ahorrarte dinero adicional al reducir el total que debes pagar en concepto de impuestos sobre la renta.

Cobertura de seguro

La mayoría de las personas que tienen un seguro médico están cubiertas por un plan grupal ofrecido por su empleador o el empleador de su cónyuge. Aunque los empleadores cobran cada vez más a los empleados mientras los precios continúan aumentando drásticamente cada año, el seguro de salud que ofrecen sigue siendo una ganga. Si tu empleador no te ofrece cobertura, puedes comprar una póliza individual, pero estas pueden ser costosas, a menos que califiques para subsidios bajo la Ley del Cuidado de Salud Asequible (Affordable Care Act, ACA), sobre todo a medida que avanzas en edad o si tienes una familia. Más allá de que seas casado o soltero, necesitas un seguro de salud para protegerte ante cualquier desastre financiero en caso de una enfermedad grave o un accidente.

Si tienes la suerte de que tu empleador te ofrezca cobertura, calcula su valor monetario averiguando primero cuánto paga la compañía por tu seguro médico, dental, de vida y de discapacidad a largo y corto plazo mensual o anualmente. Para obtener esta información, puedes consultar tu contrato de trabajo o recibo de sueldo, o preguntarle al Departamento de Recursos Humanos de tu empleador. Si contribuyes al costo, resta tu aportación del total. Si tu aportación es antes de impuestos (como en tu plan de jubilación), ten en cuenta tus ahorros fiscales sumando tu tasa fiscal del seguro social del 7,65 % (hasta $137 700 de ganancias en el año 2020, después de lo cual se reduce a tan solo el 1,45 %), tu tasa fiscal federal y tu tasa fiscal estatal. Multiplica el porcentaje total por el monto que pagas por tu cobertura de seguro para calcular a cuánto ascienden tus ahorros en impuestos.

Por ejemplo, si perteneces a la categoría fiscal federal del 24 % y a la categoría fiscal estatal del 7 %, suma estos dos porcentajes más el impuesto del seguro social del 7,65 %. Tu tasa fiscal total es del 38,65 %. Si aportas $100 por mes a tu seguro, tu costo real es de $61,35 ($100 × 38,65 % = $38,65 en ahorros; $100 – $38,65 = $61,35).

Cuentas de gastos flexibles (Flexible Spending Accounts, FSA)

Las FSA, que pueden ser cuentas de reembolso de gastos de atención médica o de cuidado infantil, son un beneficio del empleador que te permite destinar aportaciones antes de impuestos al pago de gastos médicos elegibles que no están cubiertos por tu seguro médico o gastos de cuidado infantil. Estos gastos médicos incluyen primas (a menos que se paguen con dinero antes de impuestos), deducibles, copagos y cualquier otro costo relacionado con la salud que se considere un gasto médico permitido por el IRS. Para ver una lista completa de las deducciones médicas permitidas, consulta la publicación 502 en el sitio web del IRS (www.irs.gov/es).

Cuentas FSA para el cuidado de dependientes

Si tienes dependientes, por ejemplo, niños menores de trece años o parientes ancianos que viven contigo más de la mitad del año y necesitan la atención de un centro de día, puedes abrir una cuenta FSA para Dependientes (Dependent FSA) para ayudar a pagar los gastos. Las aportaciones a las cuentas FSA para Dependientes están limitadas a $5000 por año (en 2020).

Las cuentas FSA pueden beneficiarte porque las aportaciones se deducen de tus ingresos brutos antes de calcular los impuestos, lo que reduce el monto retenido en concepto de impuestos. Si tienes gastos médicos cuantiosos, una cuenta FSA puede ayudarte a ahorrar mucho dinero, así que no pases por alto este importante beneficio. No aportes más de lo que crees que gastarás, ya que, según las reglamentaciones del IRS, al final del año perderás los fondos que no hayas utilizado. Las cuentas FSA son cuentas en las que debes «usar el dinero o perderlo». Si hacia el final del año te queda un saldo sin usar, visita tu farmacia local y abastécete de vendajes, pruebas para los niveles de azúcar en la sangre, lentes de contacto y solución salina, y cualquier otro producto elegible que consideres que usarás en el próximo año.

PLANES 401(K) Y OTROS PLANES DE JUBILACIÓN

Si tu empleador ofrece un plan 401(k), te conviene participar. Recuerda que tus aportaciones y las ganancias de la cuenta pagan impuestos de forma diferida. Si tu empleador hace aportaciones por un porcentaje de las que tú realizas, suma este dinero gratis al total de la remuneración que recibes para calcular el valor de tus beneficios. Muchos empleadores hacen aportaciones equivalentes de hasta el 3 al 6 % del salario de los empleados. Si ganas $40 000 al año y aportas $200 al mes, y las aportaciones de tu empleador son del 75 % hasta el 6 % de tu salario, significa que éste aportará otros $150 al mes, hasta un máximo de $2400 al año. En este ejemplo, tu empleador te está pagando un $1800 adicional al año ($150 × 12 = $1800).

PLANES DE PARTICIPACIÓN ACCIONARIA DE LOS EMPLEADOS

El mundo de los planes de participación accionaria de los empleados (employee stock ownership plans, ESOP), planes de opciones sobre acciones, planes de compra de acciones de los empleados (employee stock purchase plans, ESPP) y planes de opciones de incentivos es, en el mejor de los casos, confuso, y resulta difícil, si no imposible, evaluar el valor potencial de las acciones y las opciones sobre acciones que ofrece el empleador. Las opciones sobre acciones son un método popular para atraer empleados a empresas emergentes que cuentan con poco efectivo, pero rebosan potencial de crecimiento futuro.

Opciones sobre acciones

Los planes de opciones sobre acciones es una de las formas en que las empresas atraen y recompensan a los empleados, y comparten la propiedad de la empresa con ellos. Una opción sobre acciones le da a un empleado el derecho (pero no la obligación) de comprar acciones de la empresa a un precio específico durante un periodo determinado después de haber adquirido derechos sobre la opción. Las empresas utilizan el periodo de adquisición de derechos (que suele ser de al menos cinco años) para motivar a los empleados a quedarse. Supongamos que recibes una opción de 500 acciones a $10 por acción y el precio de las acciones sube a $20. Puedes ejercer la opción y comprar las 500 acciones a $10 cada una, venderlas por $20 cada una y embolsarse la diferencia de $5000. Si el precio de las acciones nunca sube por encima del precio de la opción, no perderás dinero, pero tampoco ganarás.

Tipos de planes

Si te ofrecen opciones sobre acciones, asegúrate de comprender de qué tipo son y cómo funcionan. Puedes encontrar información detallada sobre los diversos tipos de planes en el sitio web del Centro Nacional de la Propiedad de los Empleados (National Center for Employee Ownership, NCEO) en www.nceo.org.

Planes de compra de acciones para empleados

Los planes de compra de acciones para empleados (employee stock purchase plans, ESPP) ofrecen a los empleados la oportunidad de comprar acciones, en general mediante deducciones de nómina después de impuestos durante un «periodo de oferta» y con descuento. El empleado puede venderlas de inmediato y quedarse con la ganancia generada por el descuento, o conservarlas con la expectativa de que su valor aumente.

Planes de participación accionaria de los empleados

Los planes de participación accionaria de los empleados (employee stock ownership plans, ESOP) son un tipo de plan de beneficios regulado por el Gobierno federal en el que se establece un fideicomiso para adquirir algunas o todas las acciones de la empresa y venderlas a los empleados. Debido a que los ESOP reciben ventajas fiscales, no se les permite discriminar a favor de empleados clave o altamente remunerados, por lo que la mayoría de los empleados puede participar. En general, las acciones permanecen en el fideicomiso de la empresa hasta que el empleado deja la empresa. En ese momento, se le entregan las acciones sobre las que ha adquirido derechos. Los ESOP suelen utilizarse como un tipo de plan de jubilación o como una estrategia de salida para el jefe en las empresas pequeñas. Ten cuidado al invertir la mayor parte de tus fondos de jubilación en acciones de la empresa, por más consolidada que esté su trayectoria.

Opciones sobre acciones de incentivo

Las opciones sobre acciones de incentivo (incentive stock options, ISO) permiten a los empleados comprar acciones en algún momento en el futuro a un precio específico. El empleado paga impuestos sobre la ganancia obtenida en el momento de la venta o disposición de las acciones, no en el momento de recibir o ejercer las opciones. Las opciones sobre acciones no calificadas no están sujetas a las restricciones de otras opciones y no reciben ninguna consideración fiscal especial. La forma en que se gravan estas ganancias depende principalmente del tiempo transcurrido: el tiempo transcurrido entre el momento en que se otorgó y ejerció la opción, y la cantidad de tiempo que se conservaron las acciones antes de venderlas.

PEDIR UN AUMENTO

Cómo encontrar la estrategia adecuada

Si tienes un empleo pero no te pagan lo que realmente vales, es posible que estés pensando en pedirle un aumento a tu jefe. En ese caso, debes estar preparado para convencerlo de que no solo te mereces un aumento, sino que además lo vales. No cometas el error típico de justificar el pedido de aumento a base de que necesitas más dinero o que no puedes costear tus obligaciones financieras. Las empresas no basan los aumentos salariales en las necesidades personales de los empleados, sino en el valor que estos tienen para la empresa, la calidad de su trabajo, las escalas salariales de la empresa y cuestiones presupuestarias.

No impongas un ultimátum

¿Cuál es la regla número uno a la hora de pedir un aumento? No impongas un ultimátum. Esta táctica pondrá a tu jefe a la defensiva y podría obligarte a renunciar a tu trabajo o tragarte tus palabras. Tu objetivo es convencer a tu jefe de que vales más dinero porque haces un trabajo excepcional o has aceptado una responsabilidad adicional que justifica un aumento o ascenso.

HAZ UNA AUTOVALORACIÓN

En primer lugar, haz una valoración de tus habilidades, productividad, tareas laborales y aportaciones a la empresa. Considera tus obligaciones laborales y tu desempeño desde la perspectiva de la empresa y basa tu enfoque en las necesidades de esta última. Si tienes una descripción escrita de tu puesto de trabajo, búscala y busca también las copias de las últimas dos o tres evaluaciones de desempeño escritas. Apunta las principales tareas que realizas que quizás no sean parte de la descripción formal de tu puesto de trabajo. El objetivo es mostrarle o recordarle a tu jefe cuáles son tus aportes tangibles a la empresa, así que haz una lista de tus logros y, si es posible, cuánto dinero ha aportado cada uno a la empresa. Por ejemplo: «Este año le ahorré a la empresa $20 000 gracias a la investigación y negociación de contratos que llevé a cabo con nuevos proveedores».

Determina el salario típico para tu trabajo

A continuación, debes determinar cuál es el salario típico, tanto dentro como fuera de la empresa, para el trabajo que haces. Consulta al Departamento de Recursos Humanos si en la empresa hay rangos salariales para tu puesto y otros puestos relacionados en jerarquías superiores. Analízalos, junto con la información salarial y las encuestas de remuneración que obtuviste del sitio web de BLS. La información a nivel nacional puede darte una idea de lo que se suele pagar por puestos de trabajo similares al tuyo, pero ten en cuenta que los salarios varían de una región a otra. Asegúrate de consultar información local haciendo una búsqueda en línea de los salarios pertinentes en tu área (por ejemplo, busca «salario promedio de gerente de marketing Des Moines»).

Conoce las políticas y la situación financiera de la empresa

Para mejorar tus probabilidades de obtener el aumento que deseas, hay varias cosas que debes saber sobre la empresa en la que trabajas. ¿Cuál es la situación financiera de la empresa? ¿Está luchando por mantenerse a flote? ¿Hay una crisis presupuestaria? ¿Cuál es la política de aumentos salariales? ¿Se evalúa a todos los empleados al mismo tiempo cada año? ¿Tu departamento maneja un presupuesto salarial dentro del cual debe mantenerse? Si es así, significa que estás en competencia directa con los demás empleados de tu departamento para acceder a esos fondos limitados, y debes procurar destacarte entre la multitud.

Elige el momento oportuno

Saber elegir el momento oportuno es fundamental. Si solo llevas en tu puesto de trabajo unos pocos meses, pedir un aumento probablemente no caerá muy bien. Pero, si después de unos meses descubres que la empresa te contrató por un salario que se encuentra muy por debajo del de otras personas en tu mismo puesto y con la misma experiencia, es posible que valga la pena hablarlo con tu supervisor. Si recientemente fuiste objeto de medidas disciplinarias o castigos, espera al menos unos meses antes de pedir más dinero.

No pidas una reunión con tu jefe durante la época más atareada del mes o los días más atareados de la semana, que suelen ser los lunes y los viernes. Te conviene solicitar una reunión para un momento que le quede cómodo a tu gerente.

Considera los beneficios en lugar del salario

No todas las empresas están en condiciones de aumentar los salarios. Sin embargo, es posible que tu empleador pueda ofrecerte beneficios adicionales, como más días de vacaciones pagadas, asistencia para el pago de la matrícula universitaria, opciones sobre acciones, horas extras o un ascenso, si se justifica. Al comparar salarios, es importante que tengas en cuenta su valor financiero, así como otros beneficios y ventajas. Si la empresa en que trabajas paga la totalidad o parte de tu seguro médico, es igual de bueno que tener dinero en el bolsillo. Lo mismo ocurre con las aportaciones equivalentes del empleado a un plan 401(k).

REFORZAR LOS INGRESOS

¿Qué sucedería si pierdes el empleo?

En esta era de adquisiciones corporativas, reducciones de personal, fusiones, despidos y, más recientemente, la impresionante corrupción corporativa y la pandemia de COVID-19, es raro que alguien permanezca en el mismo empleo durante toda su vida.

PREPÁRATE PARA LA POSIBILIDAD DE PERDER EL EMPLEO

No es necesario que te pongas paranoico, pero estar preparado para la posibilidad de perder el empleo hará que te resulte más fácil lidiar con esa situación llegado el caso. Para estar preparado, debes saber a cuánto asciende tu patrimonio, elaborar un presupuesto, ahorrar y mantener un nivel bajo de endeudamiento.

También debes tener una idea de la estabilidad de tu trabajo. ¿Cómo les va a los competidores de tu empleador? ¿Están despidiendo empleados? Los despidos en otras empresas pertenecientes a la misma industria pueden ser un buen indicador de inestabilidad, aunque tu empleador aún no haya realizado ningún recorte. Si ya se han producido despidos laborales en la empresa en que trabajas, debes mantener tu currículum actualizado y buscar oportunidades de empleo potenciales que se ajusten a tus habilidades. Recopila una lista de referencias, con el cargo correspondiente, información en línea, números de teléfono y direcciones, y prepara cartas de recomendación. También es aconsejable obtener los datos de contacto de compañeros de trabajo, proveedores y clientes para mantenerte conectado.

Luego, familiarízate con la política de indemnización de tu empleador. ¿Los empleados despedidos reciben una indemnización por despido? En ese caso, ¿se basa en la cantidad de años de servicio o en otros criterios? ¿Te pagarán los días de vacaciones acumulados cuando te desvincules de la empresa? ¿Qué pasará con los beneficios si pierdes tu trabajo? ¿Podrás continuar accediendo a los beneficios de seguro médico bajo la Ley Ómnibus Consolidada de Reconciliación Presupuestaria (Consolidation Omnibus Budget Reconciliation Act, COBRA)? ¿Cuánto costará? Es imprudente prescindir de al menos un seguro de salud catastrófico, así que infórmate sobre cuáles son tus alternativas si no puedes elegir la cobertura COBRA (ten en cuenta que esta cobertura suele ser mucho más cara que el valor de tus deducciones salariales mensuales, ya que deberás pagar el monto total sin la ayuda de tu empleador). Si tienes una enfermedad o sufres un accidente durante un periodo en el que no tienes cobertura, es posible que tu única alternativa sea declararte en bancarrota.

Si sucede lo peor

Si te despiden del trabajo, solicita el seguro de desempleo el primer día para que puedas recibir los beneficios máximos para los que eres elegible. Solicitar el seguro de desempleo puede provocar sentimientos negativos. La autoestima de muchas personas está relacionada con su trabajo y pueden vivir la pérdida del empleo como un fracaso (claro que en realidad no lo es). No permitas que las emociones se interpongan y solicita esta valiosa fuente de fondos mientras buscas un nuevo empleo. Tu empleador contribuye al fondo de seguro de desempleo de tu estado, así como a un fondo de desempleo federal. Te ganaste esos beneficios trabajando. Si los necesitas, úsalos. Es como cualquier otro tipo de seguro: debes presentar un reclamo cuando has sufrido una pérdida.

En general, los beneficios de desempleo suelen ser la mitad de los ingresos habituales, hasta el límite fijado por cada estado, y se pagan por un máximo de veintiséis semanas. El límite fijado por el estado se basa en los salarios promedio en dicho estado. Por ejemplo, el beneficio máximo estatal en Massachusetts, a partir de octubre de 2019, es de $823 por semana, mientras que en Dakota del Sur es de $352 por semana. Deberás demostrar que estás buscando empleo activamente mientras recibes los beneficios de desempleo y debes estar preparado, dispuesto, disponible y en condiciones de trabajar. Los beneficios de desempleo están sujetos al impuesto sobre la renta federal, por lo que deberás reclamarlos al final del año. Debes estar preparado para pagar los impuestos adicionales que puedas tener que pagar en consecuencia.

Durante un periodo de desempleo, resiste la tentación de usar las tarjetas de crédito a menos que sea absolutamente necesario para pagar gastos de importancia crítica. Si no puedes llegar a fin de mes, comunícate con tus acreedores. Diles que te has quedado sin trabajo, pero que estás buscando empleo activamente, y trata de llegar a un acuerdo para reducir el monto de los pagos por un tiempo limitado.

SER TU PROPIO JEFE

Trabajar para ti mismo

En algún momento de tu carrera, quizás decidas que te gustaría tener tu propia empresa en lugar de trabajar para otros.

DESARROLLA UN PLAN DE NEGOCIOS

Lo primero que tendrás que hacer es elaborar un plan de negocios. Para ello, deberás evaluar la demanda potencial de cualquier producto o servicio que tengas pensado ofrecer, estimar qué gastos deberás afrontar y cuáles serán tus ingresos, determinar la mejor ubicación para tu negocio, investigar los canales de venta y elaborar un perfil de tus clientes potenciales. No hay necesidad de apresurar este proceso. Cuanto más elaborado y completo sea tu plan de negocios, mayores serán tus probabilidades de tener éxito. Puedes encontrar una plantilla de plan de negocios completa y fácil de usar en el sitio web de la Administración de Pequeñas Empresas (Small Business Administration, SBA) en www.sba.gov.

Supongamos que ya has analizado a fondo la viabilidad de tu idea para un negocio, has elaborado un plan de negocios y estás seguro de que cuentas con las habilidades, la disciplina y la ética de trabajo necesarias para tener éxito por tu cuenta. Estos son otros factores que debes tener en cuenta:

- ¿Puedes vivir sin un ingreso estable por un periodo de tiempo indeterminado? Antes de renunciar al trabajo que tienes durante el día, debes tener una cuenta de ahorros saludable a la que recurrir mientras construyes una clientela, sobre todo si el negocio es estacional o cíclico.

- ¿Habrá costos iniciales? ¿Tienes una estimación sólida y detallada de a cuánto ascenderán esos costos? ¿Has elaborado un presupuesto con una proyección detallada de los costos mensuales y ventas estimadas? Habla con tu banco y averigua qué opciones de financiamiento puede ofrecerte y cuáles son los requisitos para acceder a ellas.
- ¿Has pensado en la estructura legal que le darás a tu negocio? Lee sobre el tema o habla con un contador o abogado sobre los pros y los contras de ser una empresa unipersonal en lugar de una sociedad de personas, una sociedad de responsabilidad limitada (LLC) o una sociedad por acciones.
- ¿Te has familiarizado con las leyes que regulan tu negocio y has elaborado un plan para cumplir con las ordenanzas y leyes locales relacionadas con las licencias comerciales, la seguridad, la remuneración de los trabajadores y el impuesto sobre las ventas?
- ¿Has hablado con tu agente de seguros? Si manejas el negocio desde tu casa, es posible que necesites una cláusula adicional para tu póliza de seguro de vivienda. Si tienes empleados, necesitarás un seguro de responsabilidad civil y compensación para trabajadores. Si tienes inventario, necesitarás un seguro de bienes.
- ¿Cómo te manejarás con las cuestiones fiscales? Deberás presentar declaraciones de impuestos estimados federales y estatales cada trimestre para ti. O, si tienes empleados, deberás registrarte para realizar retenciones y presentar declaraciones de impuestos sobre la renta y otros impuestos al Gobierno estatal y federal, así como declaraciones de impuestos sobre la nómina de forma trimestral y anual. ¿Quién confeccionará tu nómina y preparará

y presentará estos informes? ¿Necesitas contratar a un contador o un servicio de nóminas, o lo harás tú mismo?

Mantén tu contabilidad al día

Si tienes una empresa, debes realizar un seguimiento de las finanzas, y eso implica llevar la contabilidad. Consulta a un contador para que te ayude a organizarte. La forma más fácil de administrar los libros es con un programa de contabilidad en línea como QuickBooks o Xero, que es más que adecuado para realizar las tareas diarias de contabilidad (como la facturación) para la mayoría de las pequeñas empresas.

EL VERDADERO COSTO DE LA FELICIDAD

Tu trabajo es donde pasas la mayor parte de las horas que estás despierto. Por lo tanto, es una parte importante de tu vida. Aunque solo lo consideres una forma de pagar las facturas, te afecta de muchas maneras. Si te hace sentir mal, evalúa las alternativas. Tal vez puedas darte el lujo de aceptar un trabajo con un salario más bajo, pero que te guste hacer. Si estás estresado y no te sientes feliz en el trabajo, es posible los problemas se vuelvan más grandes. Podrías tener que afrontar gastos médicos más altos más adelante (para ti y para tu familia), lo que podría neutralizar los beneficios de tener un salario más alto. Al evaluar tu situación laboral y las opciones que tienes, ten en cuenta el panorama general y considera el resto de tu vida.

Capítulo 7

Opciones de vivienda

Si estás buscando otro lugar para vivir en la misma ciudad, o te vas a mudar a otra por trabajo o para cambiar de aire, hay algunas cuestiones financieras que debes tener en cuenta antes de dar el salto. Cuanto más sepas sobre los costos que implica una mudanza, mejor podrás manejar el impacto financiero.

¿DÓNDE QUIERES VIVIR?

Todo lo que debes saber sobre alquilar

¿Buscas tu primer apartamento o quieres mudarte a uno mejor? Tómate unos minutos para pensar en lo que consideras importante en el lugar en que vas a vivir, como tener acceso al transporte público o la posibilidad de tener mascotas. Identifica las cosas en que no cederás. Esto te ayudará a descartar enseguida lugares que no cumplan con tus requisitos mínimos. Si no puedes encontrar un apartamento adecuado que esté dentro de tu presupuesto, considera la posibilidad de compartir una casa o un apartamento con alguien, o alquilar un estudio.

De dos a tres meses de alquiler

Deberás ahorrar dos meses de alquiler antes de alquilar un apartamento: el valor de un mes para el depósito de garantía, más el primer mes de alquiler. Algunos propietarios también exigen el pago del alquiler del último mes por adelantado, lo que suma un total de tres meses de alquiler.

Cuánto puedes pagar en alquiler

Como regla general, no asignes más del 30 % de tus ingresos brutos al alquiler. Si ganas $35,000 al año, no deberías pagar más de $875 al mes en alquiler. Te sentirías más cómodo con un 25 %, o $729 al mes. Si el alquiler incluye algunos o todos los servicios, podrías pagar más.

ENCONTRAR UN APARTAMENTO

Si estás buscando en tu propia ciudad, probablemente ya conozcas algunos de los complejos de apartamentos que hay en tu área. Si te vas a mudar a otra ciudad, será más difícil, sobre todo si no puedes darte el lujo de ir a buscar un lugar para vivir antes de mudarte. Hay varias opciones que pueden facilitarte las cosas.

Recomendaciones personales y anuncios clasificados

Si conoces personas que viven en la zona donde estás pensando mudarte, pídeles que te recomienden algún lugar. Te enterarás de información importante que quizás no sea tan evidente cuando recorras el edificio, como los niveles de ruido y la seguridad en el vecindario. En la mayoría de los pueblos y ciudades, los periódicos locales publican anuncios de apartamentos en alquiler. También podrías consultar los periódicos independientes que suelen encontrarse en las cafeterías y pizzerías para una variedad más amplia de opciones económicas. En internet, consulta www.craigslist.org o las secciones especiales de los sitios web de los periódicos locales que incluyen propiedades no publicadas en las ediciones impresas.

Recurrir a un agente inmobiliario

El beneficio de recurrir a un agente inmobiliario es que ellos saben dónde están los complejos de apartamentos y están familiarizados con los barrios donde se encuentran. Durante la búsqueda, presta atención a los agentes que ofrecen paquetes de mudanza con información sobre la ciudad a la que te vas a mudar. Podría resultarte útil una vez que te mudes.

Servicios de búsqueda de apartamentos

Los buscadores o localizadores de apartamentos son empresas que se especializan en conocer todos los complejos de apartamentos en un área determinada. Trabajan con los administradores de complejos de apartamentos para mantenerse al tanto de la disponibilidad de apartamentos y te ahorran el tiempo y la molestia de tener que llamar a cada complejo para obtener información. Procura evitar los servicios de búsqueda de apartamentos que cobran un cargo por el servicio. Algunos cobran un mes entero de alquiler. En internet puedes encontrar fácilmente listados de apartamentos disponibles en tu área. Consulta sitios como Apartments.com.

LOS ASPECTOS BÁSICOS DE ALQUILAR

Contratos de alquiler, depósitos de garantía, compañeros de apartamento

Recuerda estas cuatro palabras sencillas: Lee la letra pequeña. Para estar cubierto, es necesario que conozcas bien todas las normas y reglamentaciones que deberás cumplir cuando vivas en tu nuevo espacio y cuando quieras mudarte. Si el contrato de alquiler incluye cláusulas con las que no estás de acuerdo, fíjate si puedes llegar a un consenso con el propietario. Tacha las cosas con las que no estás de acuerdo e incluye los cambios que ambos consientan, coloca tus iniciales y la fecha junto a los cambios, y pídele al propietario que haga lo mismo. No confíes en los acuerdos verbales. Son difíciles, cuando no imposibles, de probar.

Si hay algo que no entiendes, pídele al propietario o al administrador de la propiedad que te lo explique. No hagas suposiciones. Estas son algunas de las cosas que te conviene preguntar de entrada:

- ¿Hay un encargado en el edificio?
- ¿Qué tipo de tareas de mantenimiento de rutina se llevan a cabo y de cuáles soy responsable?
- ¿Con cuánta antelación debo notificar que me voy a mudar?
- ¿Cómo se maneja la basura?
- ¿Qué servicios públicos y otros servicios están incluidos en el alquiler?
- ¿El contrato de alquiler incluye cláusulas que permitan aumentar el valor del alquiler durante la vigencia del contrato?

No sientas vergüenza si tienes muchas preguntas. Los propietarios esperan que les hagan preguntas y, después de firmar el contrato de alquiler, será demasiado tarde. Asegúrate de que las respuestas que recibes del propietario coincidan con lo que dice el contrato de alquiler.

Cancelación del contrato de alquiler

Cancelar el contrato de alquiler antes de la fecha de vencimiento, que en general es de doce meses, puede resultar difícil y costoso. Pueden exigirte pagar el alquiler correspondiente al resto del contrato. Averigua si hay circunstancias que puedan eximirte de esta obligación. ¿Qué ocurre en el caso de mudarte por trabajo? ¿O si tuviste un bebé? Algunos propietarios te permitirán rescindir el contrato de alquiler por un cargo. Otros podrían permitirte subalquilar el apartamento. Algunos propietarios te permitirán firmar un contrato de alquiler de mes a mes. Si firmas un contrato de alquiler de mes a mes, ten en cuenta que el propietario puede rescindir el contrato o aumentar el alquiler con poca antelación. Por lo general, seguirías teniendo la obligación de notificar por escrito tu intención de mudarte con diez a sesenta días de antelación.

DEPÓSITOS Y OTROS CARGOS

Al alquilar una casa o un apartamento, por lo general deberás pagar un depósito de garantía equivalente a un mes de alquiler, que el propietario retendrá hasta que te mudes. Cuando llegue ese momento, los gastos incurridos en limpieza o reparaciones que vayan más allá del desgaste normal, así como los montos de alquiler impagos, se deducirán del depósito y se te devolverá lo que quede. La mayoría de los estados tienen leyes que establecen la manera en que los propietarios deben manejarse con los depósitos de garantía. En general, deben depositarlos en una cuenta de depósito en garantía o en una cuenta separada de la cuenta con la que suelen manejarse. Es posible que se exija al propietario que te pague intereses sobre el depósito, el cual deberá devolverte en un plazo específico después de que desalojes el apartamento.

Recuperar el depósito de garantía

Pide un recibo de cualquier depósito de garantía u otros depósitos que pagues. En el recibo debe figurar la fecha y el monto pagado, el nombre de la persona que recibió el pago, el nombre del propietario, la dirección y el número de apartamento por el que se paga el depósito y la aclaración de que se trata de un depósito de garantía. Guarda el cheque cancelado del depósito de garantía cuando el banco te lo devuelva junto con tu estado de cuenta mensual. El cheque y el recibo son la mejor prueba que puedes tener de que pagaste el depósito. Durante la primera semana después de mudarte a una vivienda alquilada, revisa cada habitación y haz una lista detallada de todo lo que está roto, sucio o dañado de alguna manera, como astillas en gabinetes o bañeras, agujeros en las paredes, ventanas rotas o faltantes, cortes o manchas en alfombras, astillas o rasgaduras en el linóleo, quemaduras, etc. Si es posible, toma fotos de los daños. Envía una copia de la lista al propietario y conserva una copia con las fotos para usar cuando te mudes, si es necesario.

Protege tu depósito de garantía

No le des al propietario una excusa para que deduzca dinero del depósito de garantía cuando te mudes. Si el apartamento está demasiado sucio o dejaste

muchas cosas para que el propietario se deshaga de ellas, podría cobrarte el costo de limpieza o retiro de materiales y deducirlo del depósito.

Limpia a fondo el apartamento antes de mudarte y repara cualquier daño que hayas causado (más allá del desgaste normal). Retira todas tus pertenencias y la basura. Pídele al propietario que recorra el apartamento contigo y que te dé una declaración firmada sobre las condiciones en que se lo entregaste. Incluso podría convenirte tomar fotos del estado en que se encuentra el apartamento antes de mudarte, por si tienes que recurrir al tribunal de reclamos menores para recuperar el depósito de garantía. Asegúrate de dejarle al propietario tu nueva dirección para que pueda enviarte el depósito por correo.

Depósitos por mascotas

Si encuentras un apartamento en el que se permite tener mascotas, es posible que debas pagar un depósito por mascota, además del depósito de garantía para proteger al propietario contra cualquier daño que ésta pueda causar. Los depósitos por mascotas pueden ir desde $100 hasta un mes completo de alquiler, y pueden ser no reembolsables o solo parcialmente reembolsables según el estado.

En algunos estados se prohíbe a los propietarios cobrar depósitos adicionales por mascotas o cobrar las verificaciones de antecedentes crediticios. Los propietarios tampoco pueden cobrar depósitos o cargos por animales de servicio o animales de apoyo emocional. Esto no significa que el propietario no intentará hacerlo.

Depósitos por servicios públicos y cargos de conexión

Es posible que debas pagar un depósito reembolsable y cargos de conexión no reembolsables a una o más compañías de servicios públicos, incluidas empresas de electricidad, gas, agua, alcantarillado y televisión por cable. Muchas compañías de electricidad exigen un depósito de varios cientos de dólares. Si puedes demostrar que recientemente contrataste el servicio eléctrico a tu nombre en otro lugar y que tu historial de pago es satisfactorio, la compañía podría exceptuar este requisito. Cuando te mudes, asegúrate de pedirle a la compañía de servicios públicos que te devuelva el depósito que pagaste.

ALQUILER COMPARTIDO

Si tienes pensado alquilar un apartamento y compartirlo con una o más personas, es posible que el propietario exija el pago de depósitos por separado a cada inquilino. Tienes varias opciones. El contrato de alquiler lo pueden firmar todos, lo que los hará responsables en conjunto e individualmente del alquiler y los daños. Esto significa que cada quien es plenamente responsable de la totalidad del alquiler y de todos los daños, si los hubiera. Si uno de los inquilinos no paga el alquiler, los demás tendrán que pagar la parte que le corresponde o enfrentar un posible desalojo.

Es aconsejable elaborar un contrato escrito que detalle las responsabilidades de cada persona, incluido el monto de alquiler que pagará cada uno, quién compartirá la responsabilidad de los daños, cómo se dividirá el pago de los servicios públicos, cuánto durará el contrato de alquiler y quién será responsable del alquiler si una persona se muda.

SEGURO DE INQUILINOS Y MUDANZAS

El panorama general

La mayoría de los inquilinos creen erróneamente que no necesitan un seguro para inquilinos y que el propietario es responsable de cualquier daño a la propiedad. La cobertura del propietario no protege contra los daños que tú o tus huéspedes causen a la propiedad. Si dejas abierta el agua de la bañera y el agua se filtra al apartamento de abajo, tú serás responsable de los costos, a menos que tengas un seguro para inquilinos.

La cobertura del propietario del edificio tampoco protege contra demandas por lesiones personales si alguien se lesiona en el apartamento. Tampoco prevé la reposición de tus pertenencias en caso de robo o daños causados por fuego o agua. El seguro para inquilinos cubre todo esto y justifica el costo, que es increíblemente bajo.

¿CUÁNTA COBERTURA NECESITAS?

Aunque no tengas muchos muebles o electrodomésticos grandes, te sorprendería saber cuánto costaría reemplazar tus pertenencias. Para empezar, es probable que tengas ropa por valor de varios miles de dólares. Haz un inventario detallado de tus pertenencias, habitación por habitación, y escribe una breve descripción de cada artículo y calcula cuánto costaría reemplazarlo. Incluye tu ropa en el inventario.

¿COSTO DE REPOSICIÓN O VALOR REAL EN EFECTIVO?

Al comprar un seguro, es aconsejable comprar cobertura por el costo de reposición en lugar del valor real en efectivo. La cobertura de costo de reposición es exactamente eso: si te roban alguna pertenencia o esta se daña por fuego o agua, la compañía de seguros te pagará lo que costará reemplazarla por un artículo de calidad similar. La cobertura de valor real en efectivo supone que tus pertenencias pierden valor con el tiempo y el uso, y te pagará solo el valor depreciado de los artículos.

DEDUCIBLES

El deducible es el monto que aceptas pagar de tu bolsillo antes de que la compañía de seguros cubra el resto de la pérdida. Cuanto más alto sea el deducible, menos costoso será el seguro. Al elegir un deducible, decidirás cuánto riesgo estás dispuesto a asumir y la relación costo-riesgo. La mayoría de los deducibles de los seguros de bienes cuestan entre $500 y $1000 por año.

COSTOS DEL AUTOMÓVIL COMO CONSECUENCIA DE UNA MUDANZA

El impuesto especial sobre los automóviles es una de las mayores sorpresas a que se enfrenta la gente al registrar su vehículo en una nueva ciudad. Este impuesto se basa en el valor del vehículo y puede ascender a muchos cientos de dólares en los modelos más nuevos o más caros. Cuando planifiques una mudanza, consulta en internet el costo de registrar tu vehículo y si se cobran impuestos especiales. De esa forma, sabrás cuánto deberás pagar por tu automóvil en función de su marca, modelo y año específicos. Algunas ciudades recaudan impuestos especiales anualmente cuando se vuelve a registrar un automóvil. Es un consuelo saber que el impuesto disminuirá cada año a medida que el automóvil se deprecie.

Los costos del seguro del automóvil pueden variar drásticamente de una ciudad a otra. Lo lógico sería que las primas fueran más altas en las grandes ciudades, pero el tamaño de la ciudad no es el único factor determinante. Si estás pensando en mudarte a otra ciudad, consulta en línea y pide una cotización de cobertura para la marca y el modelo de tu vehículo para que no tengas sorpresas desagradables cuando llegues.

LA VIVIENDA PROPIA

Lo que debes saber

Comprar una casa es la compra más cara que harás en tu vida. Además, es una experiencia emocionante y potencialmente estresante para la mayoría de las personas. Hay mucha información que debes conocer para poder tomar una decisión inteligente a la hora de comprar una vivienda y financiar la compra: desde decidir si ser propietario es realmente para ti hasta comprender los matices de las hipotecas para viviendas.

CÓMO PREPARARTE PARA TENER TU PROPIA CASA

Antes de empezar a buscar una casa, tu situación crediticia debe estar en excelente forma. Asegúrate de tener un historial de pago en término de tus facturas. Evita solicitar nuevos préstamos o nuevas tarjetas de crédito en los meses previos a comenzar a buscar una casa. Paga la mayor cantidad de deuda posible para poder calificar para el préstamo y contar con más ingresos prescindibles después de mudarte.

Verifica tu informe crediticio. Es lo primero que hará un prestamista cuando solicites una precalificación o una hipoteca. Asegúrate de que no haya ningún error en el informe ni nada que pueda sorprender a un potencial prestamista, y prepárate para justificar cualquier pago realizado fuera de término o no realizado.

Revisa tu situación financiera general. Si aún no has elaborado un estado patrimonial, este es el momento de hacerlo. También necesitas elaborar un presupuesto. Asegúrate de que realmente estás en condiciones de cumplir con los pagos de la hipoteca además de tus otras deudas y de tener una idea realista de los gastos adicionales en que incurrirás al ser propietario de una vivienda.

Evita los sacrificios por la casa propia

Quizás pienses que comprar la casa de tus sueños justifica cualquier sacrificio, pero no poder disfrutar unas vacaciones, cambiar de auto, salir a comer, decorar tu casa o un sinfín de otros placeres simples por años puede hacer que la casa de tus sueños te parezca una cárcel. Además, puede tensar las relaciones con tu cónyuge o pareja. Una regla general es comprar una casa que cueste menos de dos veces y media tus ingresos. Si tus ingresos son de $50 000 al año, procura que la casa cueste menos de $125 000. También puedes buscar en línea calculadoras de «asequibilidad de la vivienda» para obtener respuestas que se adapten más a tu situación específica.

Prepárate para el anticipo

El anticipo es el monto de dinero que debes pagar por adelantado al comprar una propiedad, y reduce el monto de dinero que necesitas pedir prestado. Cuanto mayor sea el anticipo, menores serán el préstamo y los pagos mensuales. Sin embargo, puede ser difícil ahorrar lo suficiente para poder pagar un anticipo considerable y los gastos de escrituración en efectivo (como los impuestos de transferencia de bienes raíces, depósitos en garantía para impuestos y seguros de la propiedad, seguro de título inmobiliario, honorarios de abogados, cargos de gestión de préstamos, etc.). Por suerte, tienes algunas opciones.

Una opción es manejarte con un presupuesto de emergencia durante unos meses, reduciendo tus gastos al mínimo y ahorrando la mayor cantidad de dinero posible. Otro método es guardar todo el dinero extra que recibas: reembolsos de impuestos sobre la renta, horas extras, bonificaciones, obsequios en efectivo o, si tienes suerte, premios de la lotería. Es posible que tengas un pariente que esté dispuesto a prestarte dinero. Sin embargo, no es legal pedir dinero prestado para un anticipo a menos que identifiques el préstamo como una deuda y aún puedas calificar. De lo contrario, el prestamista te exigirá que firmes una declaración de que el dinero es un regalo.

Usa tu capital hipotecario

Si vas a vender una casa, usa todo el capital hipotecario que tengas en ella para pagar el anticipo de la casa nueva. No tendrás acceso a ese dinero hasta que se venda la propiedad, así que trata de programar las fechas de escrituración de forma tal que no te quedes sin un anticipo y termines siendo responsable de pagar dos hipotecas.

CÓMO OBTENER UNA HIPOTECA

El primer paso

Una hipoteca es un contrato legal que describe los términos del préstamo obtenido para comprar un bien inmueble. Pagar la hipoteca se convertirá en una meta importante para ti. Cuando la hayas pagado en su totalidad, serás dueño absoluto de la propiedad.

CAPITAL E INTERESES

Los pagos de hipotecas se dividen en capital (el monto que pediste prestado) e intereses (el costo de pedir prestado el dinero). Cada mes se aplicará una parte mayor de lo que pagas al saldo de capital. En una hipoteca tradicional a treinta años, los pagos realizados durante los primeros veinte años más o menos se aplicarán principalmente a los intereses en lugar de al capital. Por ejemplo, en el caso de una hipoteca de $100 000 a treinta años con un interés del 4 %, los pagos que hagas durante el primer año totalizarían $5729, de los cuales $3968 se aplicarían a los intereses y solo $1761 al capital. Al final del año, adeudarías un saldo de $98 239. Durante la vigencia de la hipoteca a treinta años, pagarías el $100 000 que pediste prestado más el $71 747 en intereses, por un total de $171 747.

Seguro hipotecario privado

Si no fuera por el seguro hipotecario privado (private mortgage insurance, PMI), que protege a los prestamistas en el caso de que no cumplan con los pagos del préstamo, es posible que te lleve muchos años poder comprar una casa. La mayoría de los prestamistas exigen un anticipo del 20 %, por lo que con un préstamo de $100 000, deberías contar con aproximadamente $20 000 para el anticipo más otros $5000 (o más) para los gastos de escrituración. El PMI, que oscila entre el 0,05 y el 2,25 % del saldo del préstamo anualmente, puede ayudarte a comprar una casa con un anticipo de tan solo el 5 al 10 %, el cual se incluye en los pagos del préstamo.

Conforme a la ley federal, el prestamista debe cancelar automáticamente el PMI cuando tu capital hipotecario alcance el 22 % del valor de tasación original de la casa. Para calcular tu porcentaje de capital hipotecario, divide el saldo del préstamo por el valor de tasación y resta ese número a 100. Si compraste tu casa después de 1999, el prestamista deberá cancelar tu PMI cuando alcances el 20 % de capital hipotecario si lo solicitas por escrito. Si tienes un préstamo FHA o VA, no necesitarás el PMI porque el Gobierno federal ya se comprometió a proteger al prestamista si no pagas el préstamo.

TIPOS DE HIPOTECAS

Quizás pienses que todas las hipotecas son iguales, pero en realidad vienen en muchas formas y tamaños. Hay hipotecas con diferentes duraciones, tasas de interés fijas o variables, hipotecas globo, hipotecas respaldadas por el Gobierno y más. Para elegir la más conveniente en función de tu situación personal, debes estar familiarizado con al menos estos tipos básicos de hipotecas.

Plazos de amortización de las hipotecas

La mayoría de las hipotecas tienen un plazo de amortización de quince, veinte o treinta años y aplican una tasa de interés fija durante todo el periodo. Los pagos de los préstamos a quince y veinte años son algo más altos que los de los préstamos tradicionales a treinta años. Necesitarás tener ingresos más altos para calificar para las hipotecas con plazos de amortización más cortos. El beneficio de una hipoteca con un plazo de amortización corto es que podrás acumular capital más rápido, cancelar la hipoteca años antes del vencimiento y ahorrar muchas decenas de miles de dólares.

Para ilustrar la diferencia entre una hipoteca a treinta años y una a quince años, considera el ejemplo de una hipoteca de $150 000 al 6 %. El pago de un préstamo a quince años sería de $1266 por mes, y el interés total pagado durante la vigencia del préstamo sería de $77 359. El pago de una hipoteca a treinta años por el mismo monto y a la misma tasa de interés sería de $899 por mes ($367 menos), y el interés total pagado durante la vigencia del préstamo sería de $173 415 ($95 916 más). Además, las tasas de interés de las hipotecas con plazos de amortización más cortos son casi siempre más bajas que las de las hipotecas con plazos de amortización más largos, por lo que la diferencia entre los intereses totales pagados por los dos préstamos del ejemplo sería aún mayor.

¿Plazo de amortización más corto o más largo?

Si puedes hacer los pagos con comodidad, los préstamos hipotecarios con plazos de amortización más cortos son sin duda más convenientes. No solo terminarás de pagar tu casa mucho más rápido, sino que además te ahorrarás decenas de miles de dólares en intereses durante la vigencia del préstamo.

Hipotecas de tasa variable

Las tasas de interés de las hipotecas de tasa variable (adjustable-rate mortgages, ARM) varían a lo largo del tiempo. Al principio, suelen estar entre 1,5 y 2 puntos porcentuales por debajo de las tasas vigentes en el mercado y aumentan (o disminuyen) a intervalos predeterminados una vez que llega a su fin el periodo de la tasa introductoria. La cantidad de aumento (o disminución) de las tasas dependerá del índice al que estén vinculadas. Los índices más utilizados incluyen las letras del Tesoro a un año, la tasa LIBOR (London Interbank Offered Rate) o el índice CMT (Constant Maturity Treasury). La tasa se fija por un periodo determinado (en general, entre seis meses y cinco años) y, a continuación, se ajusta periódicamente, por ejemplo, cada seis meses o una vez al año. La cantidad que la tasa puede aumentar en cada intervalo suele estar sujeta a un límite, que la mayoría de las veces es del 2 %. Por ejemplo, si la tasa era del 3 %, podría aumentar al 5 %. Además, la mayoría de los préstamos ARM incluyen un límite sobre las tasas de por vida, que suele ser de 6 puntos porcentuales. En épocas de aumento de las tasas de interés, puede ser alarmante saber que la tasa de tu hipoteca y, en consecuencia, tus pagos mensuales pueden aumentar cada año. Antes de solicitar una hipoteca ARM, asegúrate de poder pagar el valor más alto posible según los términos del préstamo. Las hipotecas ARM pueden ser una buena opción si sabes que solo vivirás en la casa por unos pocos años, pero si recurres a ellas porque no calificas para una hipoteca convencional, corres el riesgo de perder tu casa.

Hipotecas respaldadas por el Gobierno

Los préstamos que otorga el Gobierno, como los préstamos de la Administración Federal de la Vivienda (Federal Housing

Administration, FHA) y el Departamento de Asuntos de los Veteranos (Veterans Affairs, VA) permiten a las personas que de otro modo no calificarían para una hipoteca acceder a su propia vivienda. El Gobierno federal garantiza el préstamo, que es emitido por un prestamista común. Los préstamos FHA permiten pagar un anticipo más bajo que las hipotecas comunes (3,5 % en lugar del 10 o 20 %), tener un porcentaje de deuda más alto y pedir prestado el dinero para el anticipo y los gastos de escrituración a un familiar, algo que la ley no permite con las hipotecas comunes. Estos préstamos también incluyen primas de seguro hipotecario, que incluyen un cargo por adelantado y pagos mensuales regulares. Necesitarás tener una calificación crediticia de al menos 580 para acceder a un préstamo FHA. Puedes obtener más información en el sitio web de la FHA en www.hud.gov.

Los préstamos VA están destinados a militares en servicio activo, veteranos y miembros del servicio dados de baja con honores. A diferencia de otros préstamos hipotecarios, estos no requieren el pago de ningún anticipo (aunque eso no significa que no debas intentar pagar algo de dinero si puedes). Los requisitos son aún menos estrictos con respecto a la relación ingresos-deuda que los de los préstamos FHA. Para poder solicitar un préstamo hipotecario VA, primero debes obtener un certificado de elegibilidad para préstamos VA. Esto se puede hacer directamente en el sitio web del Departamento de Asuntos de los Veteranos en www.va.gov.

Aunque están garantizados por el Gobierno, los préstamos FHA y VA no siempre son la mejor opción. Si tienes buenos antecedentes crediticios, te conviene considerar los préstamos convencionales que ofrecen los bancos o los corredores hipotecarios para comparar.

CÓMO ELEGIR LA HIPOTECA MÁS CONVENIENTE PARA TI

Como puedes ver, hay muchos tipos de hipotecas diferentes, por lo que es importante comprender cómo las más básicas afectarían los pagos que deberás realizar. No subestimes el impacto de las tasas de interés en los pagos mensuales. Un préstamo de $100 000 al 7 % de interés durante treinta años te costaría $665 por mes. El mismo préstamo al 8 % de interés te costaría $734 por mes, una diferencia de $24 840 durante la vigencia de una hipoteca a treinta años.

Para la mayoría de las personas, una hipoteca típica a treinta años es una buena opción. Sabrás qué puedes esperar cada mes y no correrás ningún riesgo incontrolable. Si realmente deseas ahorrar en costos de intereses, puedes optar por la hipoteca a quince años.

LA LEY FEDERAL DE VERACIDAD EN LOS PRÉSTAMOS Y LA APR

La Ley Federal de Veracidad en los Préstamos (Truth in Lending Act, TILA) establece que los prestamistas deben divulgar por escrito a los prestatarios la tasa porcentual anual (annual percentage rate, APR) y los cargos financieros totales. La APR es el cargo financiero anual promedio. Es más importante que la tasa de interés por sí sola, ya que incluye costos como los cargos de gestión del préstamo, la prima del seguro hipotecario privado y puntos que afectan el costo total del préstamo.

La APR nivela el campo de juego, ya que permite comparar de forma rápida y sin esfuerzo préstamos que tienen diferentes tasas y cargos. Es un indicador mucho más preciso del costo del préstamo. Sin embargo, ten en cuenta que no se puede utilizar como una comparación precisa de los costos totales de endeudamiento en hipotecas de tasa variable.

Pagar puntos

Los puntos son un porcentaje del monto del préstamo que se paga por adelantado para «reducir» la tasa de interés de una hipoteca. Un punto es el 1 % del préstamo y, por lo general, reduce la tasa de interés por un 0,25 %. Un punto en un préstamo de $100 000 sería $1000, dos puntos serían $2000, y así sucesivamente. Un préstamo al 7 % con un punto no es necesariamente mejor (o peor) que un préstamo al 8 % sin puntos. Recuerda que debes prestar atención a la APR para comparar las tasas y los cargos. Pagar puntos para acceder a una tasa de interés más baja puede valer la pena si tienes pensado vivir en la casa durante cinco años o más. La tasa de interés más baja te ahorrará mucho dinero a largo plazo, pero si vendes en menos de cinco a diez años, no tendrás tiempo de recuperar los costos. Para ver cuánto dinero puedes ahorrar si compras puntos, ingresa diferentes escenarios en una calculadora de puntos hipotecarios en línea, como las que puedes encontrar en www.bankrate.com y www.nerdwallet.com.

COMPRAR TU CASA

¿Cuánto puedes pagar?

Una vez que hayas decidido que quieres tener tu propia casa, debes determinar qué tamaño de casa puedes pagar. Este proceso se divide en dos pasos. El primero es seguir un presupuesto durante al menos tres a seis meses para que te familiarices con tus hábitos de gasto y cuánto dinero tienes disponible para los pagos mensuales. El segundo es averiguar cuánto realmente puedes darte el lujo de pedir prestado. Los prestamistas hipotecarios quieren que tomes el préstamo más grande posible, pero tu objetivo tiene que ser pedir prestado lo menos que puedas.

CALCULA TU PITI

Para estimar cuánto puedes pedir prestado, aplica los dos criterios básicos que siguen los bancos y las compañías hipotecarias. El criterio principal es que el capital, los intereses, los impuestos y el seguro (*principal, interest, taxes, insurance*, PITI) no deben exceder un porcentaje fijo de tus ingresos brutos (es decir, tu salario antes de impuestos), y pueden fijar ese valor en hasta un 30 a 40 %. Supongamos que tus ingresos brutos son de $50 000 al año ($4167 por mes). Tu capital, intereses, impuestos inmobiliarios y seguro no deben exceder $15 000 por año (con un límite del 30 %) o $1250 por mes utilizando los estándares del prestamista. Sin embargo, podría convenirte considerar qué parte de tus ingresos netos (es decir, después de impuestos y deducciones, o sea, el monto que aparece en el cheque de pago) puedes darte el lujo de destinar a la vivienda. Si tus ingresos mensuales después de impuestos son de $2917 (70 % de tus ingresos brutos, por ejemplo), el pago de la hipoteca absorbería el 43 % de tus ingresos netos cada mes.

Los impuestos inmobiliarios pueden variar drásticamente entre los diferentes estados e incluso entre ciudades del mismo estado. Para averiguar cuáles serían los impuestos típicos sobre una casa que esté dentro de tu presupuesto aproximado, puedes consultar al tasador de impuestos de la ciudad. La mayoría de los estados también ofrecen calculadoras de impuestos inmobiliarios en línea. Busca «calculadora de impuestos inmobiliarios ciudad estado», con la zona en la que estás buscando. Es posible que el anuncio de venta de la casa que estás considerando también incluya información histórica, pero eso cambiará en el futuro. Ten en cuenta que los impuestos inmobiliarios aumentan periódicamente y eso, a su vez, puede aumentar el pago mensual de tu hipoteca, incluso si se trata de un préstamo de tasa fija.

EL ÍNDICE DE DEUDA SOBRE INGRESOS

Tu índice de deuda sobre ingresos (debt-to-income, DTI) mide el porcentaje de tus ingresos brutos que se destinan al pago de deudas. La mayoría de los expertos financieros y prestamistas recomiendan mantener el índice DTI por debajo del 36 % de los ingresos brutos, pero algunos prestamistas admiten índices DTI de hasta el 43 %. Para calcular tu índice DTI, divide los pagos mensuales totales en concepto de deudas por tus ingresos brutos.

¿Qué cuenta como deuda para este cálculo?

- El pago de la nueva hipoteca
- Pagos de préstamos (incluidos préstamos para automóviles, estudiantiles y personales)
- Pagos de tarjetas de crédito
- Manutención de hijos o pensión alimenticia
- Cualquier otra obligación mensual (como pagos de impuestos atrasados)

Suma todos los pagos de deudas que realizas cada mes y, a continuación, divide ese número por tus ingresos brutos mensuales. Por ejemplo, si todos los pagos de deudas suman $2600 y tus ingresos brutos mensuales son de $6250, tu índice DTI sería del 41,6 %.

Anticipo del 20 %

Ahorrar para pagar un anticipo del 20 % es bueno para tus finanzas por diferentes razones. Te ofrecerán una hipoteca con términos más convenientes, contarás con una gran cantidad de capital desde el principio y no deberás preocuparte por el PMI, por nombrar solo algunos de los beneficios.

CONSULTA LA CALCULADORA DE HIPOTECAS

Usa una calculadora de hipotecas en línea para determinar cuánto puedes pagar por una casa. Mortgage Calculator (www.mortgagecalculator.org) tiene una excelente calculadora. También puedes encontrar calculadoras de asequibilidad de viviendas e hipotecas en sitios web como Zillow (www.zillow.com) y Ramsey Solutions (www.ramseysolutions.com).

CÓMO OBTENER LA PREAPROBACIÓN O PRECALIFICACIÓN

Antes de empezar a buscar una casa, solicita al prestamista una carta de preaprobación de la hipoteca. A los vendedores les encantan los compradores preaprobados. Ese visto bueno por escrito del prestamista demuestra al vendedor que te tomas en serio la compra de la casa, que ya has calculado qué tamaño de casa puedes pagar y cuánto dinero puedes pedir prestado de manera realista. Además, también te beneficia a ti, ya que acelera el trámite una vez que estés listo para hacer una oferta.

Corredores hipotecarios

Los corredores hipotecarios reúnen a los prestamistas y prestatarios, pero no prestan dinero ni administran préstamos. Los cargos de los corredores hipotecarios pueden sumarse al costo del préstamo o, en algunos casos, los paga el prestamista. Si no tienes un historial crediticio impecable, es posible que puedas obtener una mejor tasa a través de un corredor que a través de un banco, pero ten cuidado con los cargos.

Durante el proceso de solicitud, deberás presentar a la compañía hipotecaria una gran cantidad de documentación, que podrá incluir lo siguiente:

- Formularios W-2 u otro comprobante de ingresos de los dos años anteriores
- Declaraciones de impuestos federales de los dos años anteriores

- Documentación de cualquier otro ingreso que estés reclamando, como horas extras, bonificaciones, manutención de hijos o pensión alimenticia
- Una lista de todas tus deudas y obligaciones financieras, como tarjetas de crédito, préstamos estudiantiles, préstamos para automóviles, manutención de hijos o pensión alimenticia, incluyendo el nombre del acreedor, el saldo adeudado y el pago mensual mínimo
- Copias de extractos bancarios
- Copias de estados de cuenta de inversiones
- Información que muestre la fuente del dinero del anticipo

NEGOCIAR Y EFECTUAR LA COMPRA

Una vez que hayas encontrado la casa que deseas comprar, el siguiente paso es presentar una oferta. La oferta incluirá el monto que estás dispuesto a pagar por la casa, el monto que deberás financiar y el tiempo necesario para concretar la compra. Sería prudente obtener la precalificación para el monto de la hipoteca que crees que necesitarás para la compra, para que el vendedor sepa que lo más probable es que obtengas el financiamiento que necesitas.

Si el vendedor acepta los términos de la oferta, comenzará el proceso formal de firma del contrato. En esta etapa del proceso es común que el posible comprador organice una inspección de la vivienda por parte de un ingeniero estructural calificado. El objetivo de esta inspección es determinar si las «entrañas del lugar» están en buen estado (los sistemas de calefacción, electricidad y plomería, los cimientos, los techos exteriores e interiores, las paredes, etc.). Sería prudente que acompañaras al ingeniero estructural durante la inspección para que puedas preguntar si ciertos problemas se deben al desgaste normal o son problemas graves que el vendedor debe abordar en el contrato de venta.

El contrato de compraventa debe incluir algunas cláusulas estándar, como una lista de los elementos (tratamientos de ventanas, accesorios de iluminación, unidades de aire acondicionado) que quedarán en las instalaciones después de cerrar el contrato. Además, el contrato debe incluir una confirmación de que los sistemas de calefacción, electricidad y plomería, así como todos los electrodomésticos, se encontrarán en buen estado de funcionamiento al momento del cierre del contrato. Todos los contratos deben estar condicionados a dos cosas: tu capacidad para obtener un monto específico de financiamiento en un plazo predeterminado y la capacidad del vendedor de entregar un título de propiedad «limpio».

También está la cuestión del depósito en garantía (que puede oscilar entre $1000 y el 10 % del precio de la vivienda) que debe pagarse al agente de depósito en garantía del vendedor cuando este acepta el contrato. Este monto se depositará en una cuenta de depósito en garantía hasta el cierre del contrato y después de que se entregue el título de propiedad al comprador de la vivienda. Si hay algún problema con la transacción (por ejemplo, si la inspección de la casa revela defectos graves), deberán devolverte el depósito en garantía a menos que no sea reembolsable (lo que puede suceder en un mercado de compra competitivo). El monto del depósito en garantía se puede negociar. Al cierre del contrato, el depósito en garantía se destinará al pago del anticipo.

Una vez que todas las partes hayan firmado los términos del contrato, debes obtener un compromiso hipotecario de una institución financiera (tu banco) y contratar a una compañía aseguradora de título inmobiliario o un abogado para que realice una investigación de titularidad inmobiliaria. El objetivo de la investigación de titularidad inmobiliaria es verificar que no haya gravámenes sobre la propiedad y que el vendedor es el único propietario de la propiedad que te está vendiendo.

FIRMA DEL CONTRATO

Después de que el banco te otorgue un compromiso hipotecario y haya resuelto todos los problemas relacionados con la titularidad que pudiera haber en el informe de titularidad, estarás en condiciones de programar la firma del contrato. Sin embargo, antes de la fecha de firma programada, es importante que recorras la casa para asegurarte de que el vendedor haya cumplido con todos sus compromisos. A la firma del contrato, deberás llevar una póliza de seguro de la vivienda pagada, suficiente dinero para cubrir el anticipo y los gastos de escrituración, y un documento de identidad con foto.

El vendedor preferirá recibir el pago por medio de un cheque de caja o un cheque certificado. Estas formas de pago están garantizadas por el banco o la cooperativa de crédito contra el cual se gira el cheque. Una vez que recibas la escritura firmada, te entregarán las llaves de tu nuevo hogar.

Comprender los gastos de escrituración

Los gastos de escrituración son todos los costos asociados con la transferencia de la propiedad, el procesamiento de la hipoteca y los cargos que cobran todos aquellos que intervienen en el proceso. Los gastos de escrituración incluyen los siguientes:

- Honorarios de los abogados (tanto tu abogado como el abogado del prestamista)

- Pólizas de seguro de título inmobiliario para ti y el prestamista
- Impuestos inmobiliarios y seguro de vivienda en la cuenta de depósito en garantía del prestamista (para que estén disponibles para pagar al vencimiento)
- Comisiones inmobiliarias
- Cargos del prestamista, como tasación, cargos de procesamiento, puntos, cargos de gestión, relevamientos topográficos e intereses desde la fecha de desembolso hasta el vencimiento del primer pago
- Cargos de registro de la escritura de propiedad y la hipoteca e impuestos hipotecarios

Los gastos de escrituración varían según la ubicación, pero en general son del 2 al 5 % del préstamo, por lo que si compras una casa que vale $100 000, los gastos de escrituración rondarán entre los $2000 y los $5000. Al igual que el anticipo, los gastos de escrituración deben pagarse en el momento de la compra. La ley federal establece que los prestamistas deben proporcionarte una estimación de buena fe de los gastos de escrituración antes de que efectúes el pago.

CUENTAS DE DEPÓSITO EN GARANTÍA

Una cuenta de depósito en garantía es una cuenta especial que establece el prestamista cuando los pagos de la hipoteca incluyen montos destinados al pago de los impuestos inmobiliarios y el seguro de vivienda. El prestamista o la compañía de servicios hipotecarios desembolsará el dinero en la fecha de vencimiento correspondiente. Si tienes problemas para ahorrar para pagar gastos grandes, las cuentas de depósito en garantía pueden facilitarte la tarea, ya que cada mes pagas una doceava parte de los montos anuales necesarios. Sin embargo, estás pagando el dinero antes de la fecha de vencimiento y, en la mayoría de los casos, no ganarás intereses.

Los prestamistas pueden cometer errores fácilmente en las cuentas de depósito en garantía. Por eso, es importante que estés atento y te asegures de que todo el dinero esté correctamente contabilizado y que no estés pagando más de lo necesario. Por ley, al menos un mes al año el saldo de tu cuenta no debe superar la sexta parte de los gastos anuales que pagas a través de la cuenta de depósito en garantía. Una vez al año, el prestamista realizará un análisis de la cuenta de depósito en garantía para determinar cuánto dinero tienes que depositar en la cuenta para el próximo año a fin de cubrir los gastos que se deben pagar. Si tienes $50 o más por encima del monto necesario, deberías recibir un reembolso. Si te falta dinero, se puede agregar la doceava parte del monto necesario a los pagos mensuales del próximo año.

CÓMO AHORRAR EN IMPUESTOS INMOBILIARIOS

Si eres dueño de tu casa, tienes la posibilidad de deducir los intereses hipotecarios y algunos costos relacionados de tus ingresos imponibles detallando las deducciones en el Anexo A del Formulario 1040 al presentar tu declaración de impuestos. A finales de enero de cada año, el prestamista te enviará un Formulario 1098, donde se indicará el monto en concepto de intereses hipotecarios que pagaste durante ese año. Los puntos que pagaste al cierre del contrato pueden ser deducibles el primer año que seas propietario de tu casa si cumplen con una serie de requisitos del IRS. Si los puntos no cumplen con dichos requisitos, puedes deducirlos durante la vigencia del préstamo. Para ver una lista completa de los requisitos y limitaciones sobre la deducibilidad de los intereses hipotecarios, consulta la Publicación 936 del IRS, Home Mortgage Interest Deduction (Deducción de intereses hipotecarios para viviendas).

Deducción de impuestos inmobiliarios

También es posible que puedas deducir de tus ingresos imponibles hasta $10 000 en concepto de impuestos inmobiliarios. Si los impuestos inmobiliarios están incluidos en el pago de la hipoteca y los paga el prestamista, reclama el monto que el prestamista realmente pagó durante el año, no los montos destinados al pago de impuestos en los pagos mensuales de la hipoteca. El prestamista depositará esos fondos en una cuenta de depósito en garantía para su custodia y utilizará los fondos para pagar tus impuestos inmobiliarios y seguros. Con frecuencia, los impuestos inmobiliarios se ajustan en el momento del cierre del contrato, por lo que es posible que el comprador haya pagado una cantidad mayor o menor que la que se pagó al Gobierno en el año en que se cerró el contrato. En la liquidación de cierre de tu abogado debería constar el monto de dicho ajuste y si debe agregarse o deducirse del monto pagado al Gobierno durante el año para determinar la deducción del impuesto inmobiliario que te corresponde.

Si los impuestos inmobiliarios locales incluyen cargos por servicios como la recolección de residuos o el agua y el alcantarillado, esta parte de los impuestos no será deducible. Lee atentamente tu copia de la liquidación de impuestos inmobiliarios para determinar cuánto puedes deducir. En la liquidación, los servicios deberían figurar por separado de los impuestos, ya que estos se basan en el valor de tu propiedad.

PREPÁRATE PARA AFRONTAR OTROS GASTOS

Los pagos de la hipoteca no son el único gasto que debes tener en cuenta al evaluar si puedes comprar una casa y cuánto puedes gastar. También debes tener en cuenta lo siguiente:

- Impuestos inmobiliarios
- Seguro de vivienda
- Reparaciones y mantenimiento
- Servicios públicos
- Facturas de alcantarillado y agua
- Electrodomésticos principales
- Costos de paisajismo y mantenimiento del jardín

Los servicios públicos pueden ser muy caros si vives en una zona del país con temperaturas extremas, como el noreste, donde los inviernos helados aumentan los costos de calefacción, o en el sur, donde los veranos calurosos y húmedos aumentan las facturas de aire acondicionado.

Si eres inquilino y estás pensando en tener tu propia casa, procura pensar en todas las cosas que tendrás que comprar que no necesitabas cuando eras inquilino. Es posible que necesites una cortadora de césped, una desbrozadora, una astilladora/trituradora, un soplador de hojas, un motocultor u otros equipos para el césped y el jardín; una lavadora y secadora, una estufa o refrigerador nuevo u otros electrodomésticos; una máquina quitanieves o una barredora quitanieves. Además, están los artículos que no son absolutamente necesarios, pero que querrás tener lo antes posible, como cubre ventanas (persianas o cortinas) y muebles nuevos o adicionales. Si vas a comprar una casa para reparar, necesitarás dinero para los materiales aunque tengas la intención de hacer la mayor parte del trabajo por tu cuenta.

COMPRA MENOS DE LO QUE PUEDES PAGAR

Compra una casa que cueste menos de lo que puedes pagar. De esa manera, tendrás dinero disponible para otras cosas y es menos probable que te endeudes hasta el cuello con la tarjeta de crédito y deudas privadas. Incluso podrás hacer pagos adicionales de capital sobre tu hipoteca para cancelarla más rápido o mayores aportaciones a tu cuenta de jubilación para acrecentar los ahorros para cuando te jubiles.

La mayoría de las personas usan todo el efectivo que pueden reunir para pagar el anticipo y los gastos de escrituración, y luego terminan teniendo que recurrir al crédito para comprar las cosas que necesitan o desean para la nueva casa. Si planificas con anticipación y sabes qué tamaño de casa realmente puedes pagar, evitarás tener que hacer sacrificios y no poder gastar en nada aparte de los pagos de la casa.

SER PROPIETARIO DE UN CONDOMINIO

Algunas personas prefieren comprar un condominio en lugar de una casa unifamiliar. Esta opción te permite compartir algunos gastos con otros propietarios y no requiere tanto trabajo por tu cuenta. A cambio de estos beneficios, debes pagar las cuotas de la asociación de propietarios (homeowners association, HOA) o algún cargo similar. Las cuotas de la HOA se destinan al pago de cosas como el mantenimiento del jardín, la remoción de nieve e incluso algunos servicios públicos en ciertos casos. En los condominios (que pueden ser apartamentos o viviendas adosadas de varias plantas), tú eres el dueño de tu casa pero no de la tierra y la estructura en la que se encuentra. Las cuotas de la HOA incluyen el seguro de la propiedad, pero no el seguro de tu unidad específica ni de su contenido.

Si vas a comprar un condominio, asegúrate de tener en cuenta las cuotas de la HOA en tu presupuesto. Puedes hablar sobre los costos de la hipoteca con un prestamista, pero no olvides que deberás pagar de $100 a $500 adicionales por mes por las cuotas de la HOA. Cuando las cuotas de la HOA son más altas, podría significar que recibirás más beneficios de la HOA, pero no siempre es así. Consulta a tu agente inmobiliario para comprender cómo funciona la HOA y si vale la pena.

SER PROPIETARIO DE UN APARTAMENTO EN RÉGIMEN DE COOPERATIVA

Si compras un apartamento en régimen de cooperativa, técnicamente no eres propietario del inmueble (incluyendo tu casa). En realidad, eres propietario de acciones en una sociedad que es dueña de toda la propiedad. Tú te conviertes en inquilino de un apartamento designado en el edificio al firmar un contrato de propiedad con la sociedad. La junta directiva de la cooperativa se asegura de que se cumplan el plan de oferta y los estatutos de la cooperativa. A cada inquilino se le cobra un cargo de mantenimiento para pagar las tareas de mantenimiento del edificio junto con los impuestos inmobiliarios, el seguro y la hipoteca del edificio. Aunque técnicamente no eres propietario del inmueble, a efectos fiscales tienes derecho a deducir cualquier interés asociado con un préstamo solicitado a la cooperativa para comprar tu vivienda como si se tratara de una hipoteca inmobiliaria. Además, cualquier parte del mantenimiento mensual atribuible al pago de impuestos inmobiliarios sobre el edificio o intereses hipotecarios sobre la hipoteca de la cooperativa fluirá hacia ti, por lo que es posible que puedas deducir esos montos como deducciones detalladas en tu declaración de impuestos. Por lo general, el agente gerente de la cooperativa informa a los accionistas sobre la parte del cargo de mantenimiento que se puede asignar a los intereses hipotecarios y los impuestos inmobiliarios. Antes de comprar una vivienda en régimen de cooperativa, es importante analizar con cuidado los estados financieros actuales de la cooperativa para determinar si el cargo de mantenimiento actual es suficiente para sostener los costos de mantenimiento continuos.

MEJORAS EN EL HOGAR

Cómo convertir tu casa en un hogar

Si acabas de comprar una casa para remodelar y necesitas hacer algunas renovaciones, o si estás intentando hacer espacio porque crece la familia o simplemente deseas aumentar el valor de tu casa remodelándola, tienes varias opciones para financiar las mejoras. Antes de recurrir a un prestamista, haz un plan detallado del trabajo que deseas llevar a cabo y pide ofertas a varios contratistas. Cada vez que usas tu casa como garantía, como en el caso de una hipoteca o un préstamo con garantía hipotecaria, corres el riesgo de perderla si no cumples con los pagos. Por eso es tan importante obtener presupuestos detallados y precisos de contratistas de buena reputación y experimentados. Si el contratista no completa el trabajo o el trabajo es de mala calidad y tienes que contratar a otra persona para que lo termine o lo arregle, tendrás que pagar el préstamo de todas formas.

Busca financiamiento en instituciones financieras establecidas y compara las tasas y los cargos de varios prestamistas diferentes.

Algunos contratistas ofrecen la opción de organizar el financiamiento con un prestamista en particular. Evita esta opción; casi siempre es una mala idea. Por lo general, el contratista recibe una comisión del prestamista por la referencia, que puedes terminar pagando tú con tasas de interés más altas o cargos en los que no incurrirías con tu banco o cooperativa de crédito local.

LA MEJOR MANERA DE ENCONTRAR UN CONTRATISTA

Pregúntale a amigos, vecinos y compañeros de trabajo que hayan remodelado su casa o hecho mejoras que te gustan. Averigua si el contratista respondió, cumplió con los plazos y abordó las inquietudes de manera rápida y completa. Una vez hayas identificado a varios posibles candidatos, verifica sus antecedentes en la Oficina de Mejores Negocios (Better Business Bureau) o la agencia de protección al consumidor locales para ver si se han presentado quejas en su contra y, más importante aún, si resolvieron los problemas de forma satisfactoria. El sitio web Angi (antes conocido como Angie's List, www.angi.com) es otro recurso recomendable para encontrar contratistas de buena reputación en tu zona.

Consigue al menos tres presupuestos por escrito que detallen exactamente las tareas que se realizarán, el tipo y la calidad de los materiales que se utilizarán y el costo, según tu descripción escrita del proyecto. Compara las ofertas con cuidado. No elijas automáticamente la oferta más baja sin discutir cada oferta con el contratista correspondiente para poder determinar por qué difieren. Si una oferta es muchísimo más baja que las demás, te conviene desestimarla. Es posible que el contratista tenga pensado usar materiales inferiores o escatimar en mano de obra, lo que comprometería la calidad del trabajo, o que sea una trampa para aumentar el precio una vez que el trabajo ya ha comenzado.

Una vez que hayas elegido un contratista, pídele el nombre de su agente de seguros y llama para verificar que cuente con un seguro de compensación para trabajadores y cobertura por daños a la propiedad y responsabilidad personal en caso de accidentes.

No querrías terminar haciéndote cargo del costo si un trabajador se lesiona en tu propiedad. También es aconsejable llamar a tu agencia de gobierno estatal y local para averiguar si los contratistas necesitan una licencia o garantía. En caso afirmativo, verifica que el contratista cumpla con este requisito. Asegúrate de que el contratista también haya obtenido todos los permisos de trabajo necesarios. Si te dice que no hacen falta, elige otro contratista.

Fraude de contratistas

Antes de comprometerte con un contratista para la construcción o remodelación de tu casa, infórmate sobre el fraude de contratistas para saber a qué cosas debes estar atento. Visita www.homeadvisor.com para obtener información sobre estafas populares que involucran contratistas y consejos sobre cómo encontrar y trabajar con contratistas de buena reputación.

EL CRONOGRAMA DE PAGOS

Nunca pagues a un contratista el costo total del proyecto por adelantado. Es probable que te pida un anticipo, cuyo monto puede estar limitado por la ley estatal. Procura que el primer pago no sea más de un tercio del costo total del trabajo. Los pagos adicionales deben estar supeditados a la finalización de metas intermedias mensurables, es decir, debes pagar por el trabajo que efectivamente se ha realizado. Incluye estas metas intermedias en el contrato para asegurarte de que el contratista las comprenda y esté de acuerdo. Debes retener al menos el 15 % del dinero del contratista hasta que el trabajo esté terminado a tu satisfacción y tengas una prueba escrita de que se ha pagado a todos los subcontratistas y proveedores.

CONSTRUIR UNA CASA

Quizás no estés interesado en hacer mejoras en tu casa, sino en construirla por tu cuenta. Este es un emprendimiento enorme y requerirá un compromiso de tiempo y dinero.

Consolidación de deudas

La consolidación de deudas es la razón número uno por la que las personas recurren a préstamos con garantía hipotecaria. Los préstamos suelen utilizarse para pagar los saldos adeudados de tarjetas de crédito y otras deudas privadas o para realizar mejoras en el hogar. Procede siempre con cautela cuando pidas dinero prestado con tu casa como garantía, ya que podrías perderla.

PRÉSTAMOS Y LÍNEAS DE CRÉDITO CON GARANTÍA HIPOTECARIA

Los dos métodos más comunes para financiar mejoras en el hogar son liquidar parte de tu capital hipotecario mediante una refinanciación y tomar una segunda hipoteca o una línea de crédito con garantía hipotecaria (home equity line of credit, HELOC). Cualquiera de estos dos métodos implica pedir dinero prestado con tu casa como garantía, lo que reduce tu capital y puede poner en riesgo tu casa (sobre todo si los precios de la vivienda bajan). Los préstamos con garantía hipotecaria, un tipo de segunda hipoteca, tienen una duración fija, en general de entre cinco y quince años, a una tasa de interés fija. Tomas prestada una suma única de dinero y realizas pagos mensuales regulares durante la vigencia del préstamo.

Las líneas de crédito con garantía hipotecaria son un tipo de crédito renovable, como una tarjeta de crédito. Por lo general, tienen plazos de veinticinco años divididos en dos partes: el periodo de retiro (durante el que pides dinero prestado según sea necesario) y el periodo de pago, y en general tienen tasas de interés variables (tasas que cambian periódicamente). Durante el periodo de retiro del préstamo, puedes tomar préstamos por un monto determinado y no es necesario que sea en una sola suma. Algunos prestamistas proporcionan cheques especiales; otros usan un tipo de tarjeta de crédito que se utiliza para acceder al dinero. A medida que vayas pagando el monto que tomaste en préstamo, puedes volver a pedirlo prestado.

Por ejemplo, supongamos que tienes una línea de crédito de $15 000. Pides prestado $6000, lo que te deja $9000 de crédito disponible. Pagas $3000, lo que hace que tu crédito disponible sea de $12 000 ($15 000 - $6000 + $3000 = $12 000). La tasa de interés de las HELOC suele ser variable, por lo que tus pagos cambiarán según la tasa actual y el saldo pendiente. Al final del plazo del préstamo, algunas HELOC exigen el pago del saldo total pendiente de pago; otras amortizan el saldo a diez o quince años. Si vendes tu casa, deberás pagar el saldo en el momento de concretar la venta.

¿Qué tipo de préstamo te conviene?

Los préstamos con garantía hipotecaria son los más adecuados para los casos en que necesitas una suma única. Las líneas de crédito son más convenientes si necesitas el dinero a intervalos, es decir, solo pides prestado el monto que necesitas, en el momento en que lo necesitas. Las líneas de crédito pueden ser peligrosas si tienes problemas para controlar la deuda de la tarjeta de crédito, ya que ambas funcionan de la misma manera. Pero hay una diferencia muy importante: con una línea de crédito con garantía hipotecaria, tu casa está en juego. Si te excedes, podrías perderla.

Los préstamos con garantía hipotecaria son atractivos porque sus tasas son más altas que las tasas de interés de las primeras hipotecas, pero mucho más bajas que las tasas de interés que cobran las tarjetas de crédito. Los intereses de los préstamos con garantía hipotecaria también pueden ser deducibles de impuestos. Los gastos de cierre de los préstamos con garantía hipotecaria son similares a los de las primeras hipotecas. Puedes esperar pagar del 2 al 5 % del monto del préstamo.

¿Te conviene solicitar un préstamo en línea?

En la actualidad, un gran porcentaje de las hipotecas se tramitan en línea. Los prestamistas que ofrecen las tasas más competitivas suelen operar en línea. Es probable que puedas realizar un seguimiento del progreso de tu préstamo en línea. Como mínimo, puedes usar internet para informarte de forma rápida y sin esfuerzo sobre diferentes productos hipotecarios y las tasas vigentes.

Cómo encontrar las tasas más bajas

¿Dónde puedes encontrar las tasas de interés y los costos hipotecarios más bajos? Investiga y compara préstamos hipotecarios en línea en SmartAsset (www.smartasset.com), LendingTree (www.lendingtree.com), Bankrate (www.bankrate.com) o Realtor.com (www.realtor.com).

REFINANCIAR

Cuándo y por qué

Refinanciar una hipoteca consiste en tomar un nuevo préstamo a una tasa de interés más baja o por un plazo de amortización diferente y destinar los fondos al pago de la hipoteca original. Básicamente, se trata de reemplazar una hipoteca por otra con pagos mensuales más bajos y (con suerte) menores costos totales en concepto de intereses. La mayoría de los prestamistas exige tener un capital hipotecario de al menos el 10 al 20 % para poder refinanciar.

¿CUÁNDO VALE LA PENA REFINANCIAR?

Cuando las tasas hipotecarias comienzan a bajar, los propietarios comienzan a pensar en refinanciar. Si bien reducir la tasa de interés es un factor clave en esta decisión, no es el único factor que se debe tener en cuenta. Refinanciar puede tener sentido si tienes una segunda hipoteca o un préstamo con garantía hipotecaria con una tasa más alta, si deseas aprovechar las tasas de interés más bajas para acortar el plazo de amortización de tu préstamo por aproximadamente el mismo pago mensual o porque deseas cambiar tu ARM por un préstamo de tasa fija.

¿Cómo se puede saber si refinanciar es conveniente desde el punto de vista financiero? La regla general estipula que las tasas de interés deben encontrarse al menos 1 punto porcentual por debajo de tu tasa actual, pero a veces un cambio de tan solo medio punto porcentual puede ser una buena decisión. Dado que la refinanciación de una hipoteca conlleva gastos de cierre del préstamo, debes asegurarte de que el cambio de tasa te ahorrará más que los gastos del préstamo. Para conocer esos números, usa una calculadora de refinanciación en línea, disponible en la mayoría de los sitios web de prestamistas hipotecarios y en sitios como SmartAsset y NerdWallet.

A veces, refinanciar no tiene sentido. Por ejemplo, si reducir la tasa de interés y el pago mensual te lleva a pagar más intereses durante la vigencia del préstamo (lo que puede suceder si extiendes el plazo de amortización del préstamo), refinanciar no tiene sentido. Tampoco tiene sentido refinanciar si no puedes pagar los gastos de cierre de tu bolsillo y necesitas transferirlos a tu préstamo. En ese caso, terminarás pagando quince o treinta años de intereses adicionales sobre dichos costos. Por último, si tienes pensado vender tu casa dentro de cinco años, la refinanciación terminará costándote más de lo que vale.

Refinancia con retiro de efectivo por las razones correctas

La refinanciación con retiro de efectivo puede ser una trampa peligrosa. Si no tienes suficiente dinero para pagar tus facturas, tomar dinero de tu casa puede ponerla en riesgo. No uses esta técnica para aumentar el monto que puedes gastar cada mes o para un viaje a la playa. La única vez que una refinanciación con retiro de efectivo podría tener sentido es para pagar deudas con tasas de interés sumamente altas o usar los fondos para realizar mejoras en el hogar.

Refinanciación con liquidación de capital hipotecario

Algunas personas refinancian por más del valor de su hipoteca actual si cuentan con suficiente capital hipotecario. Esta opción se conoce como refinanciación con liquidación de capital hipotecario y puede perjudicar tu situación financiera general. La refinanciación con liquidación de capital hipotecario aumenta tu deuda y la cantidad de intereses que deberás pagar al prestamista (que es precisamente lo contrario de lo que querías lograr al refinanciar), así que piénsalo bien antes de elegir este tipo de préstamo.

Supongamos que pagaste $125 000 por tu casa y que tienes una hipoteca de $100 000. Tu casa ha ganado en valor y ahora vale $175 000. Podrías refinanciar por $140 000, pagar el saldo de tu hipoteca de $100 000 y tomar la diferencia de $40 000 o más en efectivo. Te quedaría un 20 % de capital hipotecario ($ 140 000 ÷ $175 000 = 80 %), pero sin la liquidación del capital hipotecario, este sería de casi el 60 %. Si el valor de tu casa se deprecia, tu porcentaje de capital hipotecario disminuirá aún más, lo que podría dejarte «bajo el agua» (tu préstamo hipotecario excederá el valor de mercado de tu casa).

No olvides que tus pagos mensuales podrían ser muchísimo más altos debido al saldo más alto del préstamo, a pesar de que tu tasa de interés se redujo por la refinanciación, así que asegúrate de poder cumplir con ellos. En la mayoría de los casos, la refinanciación con liquidación de capital hipotecario no es buena para tu salud financiera a largo plazo. De hecho, estos préstamos pueden perjudicar tu futuro financiero. Sin embargo, si de todos modos tienes pensado tomar un préstamo para realizar mejoras en tu hogar, esta puede ser la opción más conveniente en lugar de tomar un segundo préstamo (que podría ser más caro) para pagar las renovaciones. En el caso de que liquides capital hipotecario para otras cosas que no sean realizar mejoras en tu hogar, la deducibilidad fiscal de los intereses hipotecarios relacionados con la refinanciación podría ser limitada. Para obtener más detalles, consulta la publicación 936 del IRS.

DEDUCIBILIDAD FISCAL DE LOS INTERESES HIPOTECARIOS

Muchas personas no se dan cuenta de que no todos los intereses hipotecarios son siempre totalmente deducibles de impuestos, incluso en su residencia principal (la casa en que viven). El Gobierno reconoce dos tipos diferentes de intereses hipotecarios: endeudamiento por adquisición y endeudamiento con garantía hipotecaria.

Con el endeudamiento por adquisición, no se pueden deducir intereses por más de $750 000 de deuda (o $1 millón de deuda adquirida antes del 14 de diciembre de 2017) relacionada con la adquisición de la vivienda principal más una segunda vivienda. Endeudamiento por adquisición significa una hipoteca tomada para adquirir, construir o mejorar sustancialmente una vivienda calificada. Si también tienes un endeudamiento con garantía hipotecaria, el monto del préstamo debe incluirse en el límite de $750 000, y los ingresos deben destinarse a la compra, construcción o mejora sustancial de tu casa para que sea deducible de impuestos.

PAGO ADELANTADO DE LA HIPOTECA

Puedes ahorrar miles o decenas de miles de dólares de los costos a largo plazo de tu hipoteca si la cancelas antes de su vencimiento. Hay varias formas de hacerlo. Puedes aumentar un poco tus pagos mensuales regulares, hacer un pago adicional al año o pagar la mitad de tus pagos regulares cada dos semanas (si su prestamista lo permite), lo que equivale a realizar un pago completo adicional cada año.

Si tuvieras una hipoteca a treinta años por $100 000 al 4 % de interés y asignaras $25 adicionales al capital cada mes, reducirías la duración de la hipoteca en casi tres años y casi $7500 en intereses.

Qué pagar primero

Ten en cuenta que cuando las tasas hipotecarias son muchísimo más bajas que otras tasas de préstamos al consumidor, tiene más sentido pagar primero las deudas con intereses más altos (incluidas las tarjetas de crédito y los préstamos estudiantiles). Cuando hagas pagos adicionales, asegúrate de pedirle a tu prestamista que los aplique al capital. Si pagas en línea, es posible que puedas marcar una casilla que diga algo así como «pago de capital adicional», o quizás haya una línea similar en tu cupón de pago (si pagas con cheque). Antes de realizar pagos anticipados, consulta a tu prestamista y lee la letra pequeña de los documentos del préstamo para asegurarte de que tu prestamista no te penalice por pagar por adelantado parte de la hipoteca en los primeros tres a cinco años del préstamo.

Aunque tu préstamo aplique una penalidad por pago anticipado, es probable que te permitan pagar por adelantado hasta el 20 % de la hipoteca en cualquier periodo de doce meses sin incurrir en una penalidad, por lo que agregar $25 o $50 a tus pagos mensuales no incurriría en esa penalidad.

EN RIESGO DE EJECUCIÓN HIPOTECARIA

Si no cumples con los pagos de tu hipoteca durante noventa días y no te comunicas con el prestamista, este podrá iniciar un procedimiento de ejecución hipotecaria para tomar posesión de tu casa y venderla para recuperar el dinero que te prestó. Si la casa se vende por menos de lo que adeudas, el prestamista podría demandarte por la diferencia. Una ejecución hipotecaria te obligaría a abandonar tu hogar y tendría un enorme impacto en tu historial crediticio y tu futuro financiero, así que trata de tomar todas las medidas posibles para evitar este desenlace.

Es posible que encuentres tasas de interés de refinanciación más bajas que las que anuncia tu actual prestamista, pero no lo descartes sin hablar primero con él. En ocasiones, los bancos y las cooperativas de crédito exceptúan ciertos cargos u ofrecen un ligero descuento en la tasa a los clientes actuales sin pasar por las molestias de refinanciar.

EJECUCIÓN HIPOTECARIA

Cómo evitarla

Hay algunas cosas que puedes hacer para evitar una ejecución hipotecaria. Si crees que vas tener problemas para cumplir con los pagos, comunícate con tu prestamista de inmediato y explícale tu situación. Es posible que esté dispuesto a elaborar un nuevo plan de pago que contemple tu situación actual. También es posible que tú puedas refinanciar el préstamo, prorrogar el plazo o prorratear los pagos que no realizaste durante varios meses. Tu prestamista también podría ofrecerte una suspensión temporal de cobro, lo que significa que puedes suspender los pagos durante unos meses hasta que estés en condiciones de reanudarlos. Si tienes una hipoteca FHA o VA, es posible que también hayan otras alternativas. Tu prestamista no desea ejecutar la hipoteca, pero no puede ayudarte a menos que te comuniques con él.

LA ALTERNATIVA DE VENTA CORTA

Las ventas cortas ayudan a los propietarios que tienen dificultades financieras a vender rápidamente sus casas por menos de la hipoteca pendiente. Para iniciar este proceso, comunícate con tu prestamista. Por lo general, el propietario-vendedor solo calificará para una venta corta si puede demostrar que tiene dificultades financieras y una casa que está «bajo el agua» desde el punto de vista financiero, lo que significa que el valor de mercado actual de la propiedad es menor que el saldo de la hipoteca. El prestamista acepta que los fondos de la venta saldarán la hipoteca completa, aunque sea menos dinero, y condona el saldo. (Si el prestamista no está de acuerdo en hacer eso, estarás obligado a pagar el saldo restante del préstamo y el prestamista podría demandarte para que pagues). Las dificultades financieras pueden deberse a muerte, discapacidad, divorcio, desempleo, bancarrota u otras circunstancias que afecten tu vida. Muchos prestamistas prefieren una venta corta a una ejecución hipotecaria, ya que, por lo general, pueden recuperar más dinero con esta opción.

Ramificaciones fiscales

Por lo general, si se condona una deuda, dicho monto se incluirá en los ingresos imponibles del deudor en la mayoría de los casos. Sin embargo, la Ley de Alivio de la Deuda de Condonación de Hipotecas de 2007 exime a los deudores de esta disposición si el préstamo se considera un endeudamiento de residencia principal calificado; esta disposición rige para cualquier deuda hipotecaria calificada condonada en un acuerdo escrito celebrado hasta el 31 de diciembre de 2020. Si se condonó una parte de la deuda hipotecaria, el prestamista te enviará el Formulario 1099-C, que deberás incluir como parte de tu declaración de impuestos sobre la renta correspondiente a ese año.

Capítulo 8

Convivencia y matrimonio

Estas por casarte y tienes que tomar algunas decisiones con respecto a la fusión de tus finanzas y las de tu pareja. Pasa el tiempo y quizás estés esperando la llegada de un bebé, en cuyo caso deberás decidir si puedes darte el lujo de quedarte en casa para criar a tu hijo e intentar inculcarle algunos conocimientos financieros. Y aunque es probable que no quieras considerarlo como una posibilidad, podrías tener que aprender cómo resguardarte desde el punto de vista financiero por si tu matrimonio termina en divorcio.

EL MATRIMONIO Y LAS FINANZAS PERSONALES

La fusión de las finanzas

Una vez que hayas tomado la decisión de casarte, no tardarán en llegar las conversaciones acerca del dinero. Debes decidir cómo fusionar tu dinero con tu pareja, qué metas tienen en común, etc. Esto te ayudará a transitar tu relación sin complicaciones.

HABLAR DE DINERO

Por lo general, las personas se sienten incómodas al hablar de dinero, incluso con su pareja. Para que la situación no sea tan incómoda, quizás te convenga empezar hablando sobre la forma en que tus padres manejaban el dinero y qué significa para ti en tu vida. Para algunas personas, el dinero simboliza el amor o la seguridad; para otros, el poder o el control. Se puede gastar libremente o acapararse y ahorrarse. Explora con tu pareja lo que sienten acerca del dinero. Después de haber mantenido algunas conversaciones iniciales sobre el dinero en general, inicia una conversación sobre la situación financiera individual de cada uno. Determina si alguno de los dos tiene:

- Grandes deudas
- Préstamos estudiantiles
- Deuda de tarjeta de crédito

- Manutención de hijos o pensión alimenticia
- Un mal historial crediticio
- Una declaración de bancarrota previa
- Inversiones
- Una herencia
- Un fondo fiduciario

Consigue copias de los informes crediticios y revísalos con tu pareja. Si tu pareja no habla de dinero contigo, considera la posibilidad de buscar consejo profesional. ¿Cómo puedes trabajar hacia metas comunes si uno de ustedes no puede o no quiere hablar de dinero? Es importante darse cuenta de que cada uno de ustedes probablemente tendrá metas que el otro no comparte. Reconoce que también son importantes y trata de encontrar una forma de trabajar hacia esas metas individuales, así como las que tienen en común.

CÓMO MANEJAR LAS CUESTIONES DE DINERO

Una de las cosas más importantes sobre el dinero en una relación es fijarse metas comunes. ¿Quieren comprar una casa? ¿Viajar juntos? ¿Cómo ahorrarán para el futuro? Si tienen pensado tener hijos (o ya los tienen), ¿qué harán con los fondos universitarios? Una vez que hablen de estas ideas y lleguen a conclusiones que comparten, otras cuestiones relacionadas con el dinero pueden ser más fáciles de manejar.

¿QUIÉN HARÁ QUÉ?

¿Cómo manejarán sus operaciones bancarias? ¿Mantendrán cuentas bancarias separadas y dividirán las facturas entre los dos? ¿Compartirán una cuenta conjunta en la que depositarán todos sus ingresos y con la que pagarán todas las facturas? Es muy difícil hacer un seguimiento de las transacciones que dos personas realizan en una sola cuenta bancaria. Muchas parejas prefieren tener una cuenta conjunta para los gastos del hogar y cuentas individuales para los gastos personales de cada uno. Esta opción les permite a ambos contar con dinero discrecional para los gastos personales.

A menudo, uno de los cónyuges está más interesado, motivado o preparado para pagar las facturas, conciliar las chequeras, realizar un seguimiento de los gastos e inversiones y manejar un presupuesto. Hablen sobre ese tema. Ambos pueden ponerse de acuerdo enseguida sobre la elección obvia para estas tareas, o bien decidir compartir la responsabilidad. Más allá de quién haga qué, siéntense al menos una vez al mes y revisen sus finanzas juntos.

MANTENER EL CRÉDITO A TU NOMBRE

Prácticamente todos los expertos financieros coinciden en que, después de contraer matrimonio, es aconsejable mantener el crédito a tu nombre. Conserva al menos una tarjeta de crédito a tu nombre solamente y úsala de vez en cuando, pero paga el saldo total todos los meses. Si enviudaras o te divorciaras, tendrás un historial crediticio sólido propio y podrás acceder de inmediato a crédito. Puede ser difícil acceder a crédito por tu cuenta si no tienes un historial crediticio que no incluya a tu cónyuge.

¿NECESITAS UN ACUERDO PRENUPCIAL?

Los acuerdos prenupciales son comunes entre los multimillonarios, pero pueden ser beneficiosos para casi todos. Estos acuerdos establecen cómo se manejarán tus activos y pasivos en caso de divorcio, pero también se pueden usar para proteger los intereses de los hijos de un matrimonio anterior o especificar otras cuestiones importantes. Si planeas tener hijos propios, en el acuerdo se pueden incluir disposiciones para la manutención de los hijos, su educación e incluso su formación religiosa.

Los acuerdos prenupciales son apropiados en estos casos:

- Eres dueño de un negocio o práctica profesional.
- Has recibido obsequios valiosos o herencias.
- Tienes un fondo fiduciario.
- Tienes una casa.
- Tienes un plan de jubilación.
- Tienes ahorros o inversiones sustanciales.
- Deseas proteger la herencia de tus hijos de un matrimonio anterior.

A las personas que se encuentran en esas situaciones financieras les convendría firmar un acuerdo prenupcial. Estos acuerdos se pueden firmar después de contraer matrimonio (en cuyo caso se los denomina «acuerdos posnupciales»), pero, por lo general, son mucho más fáciles de resolver antes de casarse.

Para que un acuerdo prenupcial sea legalmente vinculante, cada uno de los cónyuges debe tener su propio abogado independiente y declarar todos sus activos y pasivos.

CÓMO PLANIFICAR UNA BODA ASEQUIBLE

Mantén los costos bajo control

Según el Informe de recién casados (Newlywed Report) de 2019 de WeddingWire, una boda típica en los Estados Unidos cuesta alrededor de $38 700. ¿Cómo puedes mantener los costos de tu boda bajo control? En primer lugar, haz un presupuesto realista. Haz una lista de todo lo que se te ocurra que necesitarás para la ceremonia, la cena de ensayo y la recepción, y cuánto estimas que costará cada cosa. Ajusta el presupuesto a medida que recibes las cotizaciones e identifica qué cosas son más importantes para ti. Los pequeños sacrificios a menudo pueden sumar grandes ahorros. Pero lo más importante de todo es que no debes comenzar tu vida en pareja ahogado en deudas. Por eso, asegúrate de mantener los costos de la boda a un nivel asequible.

Planifica las propinas

Las propinas suelen ser un gasto que se pasa por alto en las bodas y que podría arruinar el presupuesto. No olvides planificar propinas del 10 al 20 % para los servicios de catering, los choferes de las limusinas, los asistentes del estacionamiento y los músicos, si estás satisfecho con sus servicios.

EL PRESUPUESTO PARA LA BODA

El factor que más influye en los costos es la cantidad de invitados. Si el costo promedio por persona para comida, bebida, mantelería, cubiertos, porcelana y otras cosas que tienes que alquilar es de $50, si eliminas a veinte personas de la lista de invitados te ahorrarás $1000 más las propinas.

Considera un «brunch», un bufet o abundantes entremeses en lugar de una cena formal. Los costos del bar pueden ser más altos que los de la comida, y el alcohol provisto por el servicio de catering suele tener un sobreprecio considerable. A menudo, es más barato ofrecer solo cerveza y vino como bebidas alcohólicas, o incluso proveer el alcohol tú mismo (aunque es posible que debas asumir la responsabilidad por las bebidas alcohólicas si el servicio de catering no acepta servirlas).

La principal época del año para las bodas suele ser de mayo a octubre, y el día más popular el sábado. Los salones para las recepciones suelen ser menos costosos si los reservas fuera de temporada (de noviembre a abril) o cualquier otro día menos el sábado. Los animadores y fotógrafos también pueden cobrar menos fuera de temporada.

DECLARACIÓN DE IMPUESTOS COMO PAREJA CASADA

El matrimonio cambia la forma en que debes declarar los impuestos sobre la renta. Hay dos opciones: declaración conjunta y declaración individual. Ninguna de las dos opciones es la más conveniente para todos. Los resultados dependerán de tu situación fiscal específica. Algunas parejas pagan más impuestos después del matrimonio; otras disfrutarán de ahorros fiscales importantes. La mayoría de los programas de liquidación de impuestos permite probar ambas opciones para ver cuál es más conveniente para un nivel de impuestos más bajo. También puedes consultar a un profesional de impuestos para asegurarte de pagar la menor cantidad de impuestos legalmente posible.

Las parejas que tienen ingresos similares, sin importar el monto, por lo general pagan más impuestos que si fueran solteros. Las parejas suelen pagar menos impuestos si sus niveles de ingresos son muy diferentes, por ejemplo, si uno de los cónyuges no trabaja o uno de ellos tiene un salario sumamente alto. Estos cambios fiscales se reflejarán en los impuestos sobre la renta estatales, así como en los federales.

BENEFICIARIOS, CAMBIOS DE NOMBRE Y TESTAMENTOS

Después de la boda, hay varias cuestiones legales que debes resolver de inmediato. Revisa la documentación de tus planes de jubilación, pólizas de seguro de vida, cuentas bancarias y cuentas de inversión. Si deseas que tu cónyuge sea el beneficiario, presenta los formularios de cambio de beneficiario. La mayoría de los planes de jubilación y las pólizas de seguro de vida requieren que se designe al cónyuge como beneficiario principal a menos que el cónyuge solicite una exención. Busca también las cuentas a las que desees agregar el nombre de tu cónyuge como cotitular y los lugares en los que debes cambiar el nombre de la persona a la que se debe notificar en caso de una emergencia. Si uno de los dos tiene una propiedad, deben decidir si desean modificar la escritura para incluir ambos nombres. Cabe señalar que los bienes adquiridos antes del matrimonio no se considerarían bienes conyugales en caso de divorcio. Sin embargo, al cambiar la forma de propiedad para incluir los nombres de los dos, la propiedad individual pasa a ser un bien conyugal.

Protégete contra los impuestos sobre las sucesiones

Si tienes una situación financiera complicada o un patrimonio importante, consulta a un abogado de planificación sucesoria sobre las formas en que puedes proteger tu patrimonio para evitar pagar impuestos más altos cuando uno de los dos muera.

Si al casarte modificas tu nombre, solicita una nueva tarjeta de seguro social, registro del vehículo y licencia de conducir con tu nuevo nombre. Notifica a los bancos, compañías de seguros, corredurías y otros sobre el cambio de nombre. Ten en cuenta que si agregas tu nombre a la tarjeta de crédito de tu cónyuge, serás igualmente responsable por cualquier saldo pendiente de pago.

Haz redactar un testamento o, si ya tienes uno, actualízalo o modifícalo. Si uno de los dos tiene hijos de una relación anterior, es sumamente importante dejar en claro algunas cuestiones relacionadas con la tutela y la custodia.

HIJOS

Las pisaditas de un bebé

La inversión más grande que harás en tu vida no es tu casa, sino tus hijos. Es probable que el costo no sea para ti un factor determinante a la hora de decidir si vas a formar una familia, pero un poco de planificación anticipada podría beneficiarte desde el punto de vista financiero.

CUESTIONES RELATIVAS A LOS SEGUROS

Cuando tú y tu pareja decidan agrandar la familia, la cuestión financiera más inmediata será qué parte del costo que esa decisión representa cubrirá el seguro médico. Calculen cuánto es posible que tengan que pagar de su propio bolsillo teniendo en cuenta la cobertura que ofrece la póliza de seguro médico que tienen. Si están cubiertos por una HMO, es probable que deban realizar un copago por cada visita al médico (en general, de $10 a $25) y un copago por la admisión al hospital para el parto (en general, de $250 a $500 como mínimo). Aunque se aseguren de que el médico y el hospital que elijan para el parto están en su red HMO, es posible que otros profesionales (como el anestesiólogo) no lo estén, por lo que podrían tener que afrontar facturas médicas muy infladas e inesperadas.

Si tienen un plan con deducible alto en lugar de una HMO, es probable que tengan que pagar entre $1500 y $8000 antes de que entre en vigencia el seguro. Después del deducible, el plan podría pagar el 80 % de todos los demás cargos permitidos y ustedes deberán pagar el 20 %, hasta el gasto personal máximo especificado. Estos factores pueden variar, así que asegúrense de conocer bien la cobertura que ofrece su póliza de seguro médico.

El costo de criar un hijo

El Departamento de Agricultura de EE. UU. estima que el costo total promedio de criar un hijo desde el nacimiento hasta los dieciocho años asciende a $233 610. Este número ni siquiera incluye los costos de la universidad.

Averigua cuánto costará agregar al nuevo miembro de la familia a tu póliza de seguro médico grupal como dependiente. Si tú y tu cónyuge tienen pólizas de seguro separadas, averigüen si no sería conveniente que uno de ustedes se transfiera a la póliza del otro. La cobertura de dependientes puede ser más barata si todos están en la misma póliza, en especial si uno de los cónyuges tiene un seguro de salud patrocinado por el empleador. Si tú o tu cónyuge tienen la opción de aportar en el trabajo a una cuenta de gastos flexibles (Flexible Spending Account, FSA) o una cuenta de ahorros para la salud (Health Savings Account, HSA), como la que ofrecen los planes de salud con deducibles altos, aprovéchenlas lo antes posible. Recuerda que el dinero depositado en una HSA sigue siendo tuyo hasta que lo uses, mientras que los saldos de las FSA desaparecen cada año (o los usas o los pierdes).

CUESTIONES RELATIVAS A INGRESOS Y GASTOS

Piensa en cómo te las arreglarás con un solo ingreso durante la licencia de maternidad y, posiblemente, con ingresos reducidos durante el embarazo. ¿Tienes un seguro de discapacidad a corto plazo? En ese caso, recibirás entre el 50 y el 100 % de tus ingresos habituales (según la cobertura específica) durante aproximadamente seis semanas después del parto (ocho semanas si es por cesárea), o antes si se considera desde el punto de vista médico que no puedes trabajar durante el embarazo. Organiza el cuidado del niño con mucha anticipación. Se necesita tiempo para entrevistar a posibles cuidadores y verificar sus antecedentes con otros padres para los que hayan trabajado. El cuidado infantil es un gasto enorme, así que incluye los costos en tu presupuesto con anticipación y busca formas de hacer recortes en otras cosas si es necesario. Los gastos de cuidado infantil son elegibles para un crédito fiscal siempre y cuando proporciones al IRS la identificación del empleador o el número de seguro social del cuidador. Si tu empleador ofrece una FSA para el cuidado de personas a cargo (es similar a una FSA de atención médica, pero para gastos de cuidado infantil), considera depositar fondos para pagar al menos algunos de los costos de cuidado infantil con dinero antes de impuestos.

Crea un fondo para el bebé para cubrir costos inesperados y realiza aportes mensuales. Busca ofertas en ropa, equipos y materiales para bebés, pero no escatimes en artículos que afecten la seguridad, como asientos para bebés para automóviles de alta calidad. A los bebés no les importa lo que llevan puesto o cómo es su manta, así que evita la tentación de comprar todas las cosas encantadoras que veas (sí, es difícil).

¿PUEDES DARTE EL LUJO DE QUEDARTE EN CASA?

Antes de precipitarte a la conclusión de que no puedes darte el lujo de vivir con un solo salario para que tú o tu cónyuge se queden en casa y críen juntos a sus hijos, considera el costo de trabajar:

- Guardería, cuidado después de la escuela, campamentos diurnos, niñeras
- Ropa y calzado de trabajo, tintorería, uniformes, equipos especiales
- Desgaste adicional y mantenimiento más frecuente del automóvil, además de gasolina y seguro del automóvil
- Costos de transporte, como boletos de autobús, estacionamiento y tarifas de peaje
- Café y refrigerios o refrescos en máquinas expendedoras en el trabajo, aportes para regalos de oficina, almuerzos fuera de la oficina
- Honorarios profesionales, como licencias o certificados, cursos de educación continuada, cuotas o suscripciones

Calcula todos estos costos, súmalos y deduce el total de tu salario neto (después de impuestos). Esto es lo que el segundo ingreso contribuye al presupuesto de tu hogar.

Por ejemplo: Imagina que ganas $400 a la semana. Los costos de cuidado infantil promedian alrededor de $200 por semana y siguen creciendo cada año. ¡Eso ya representa la mitad de tu salario neto! A continuación, resta el valor estimado de todos tus otros gastos relacionados con el trabajo antes mencionados. Eso es lo que realmente te queda de ese segundo ingreso. Si no quieres lidiar con todos estos cálculos, consulta los artículos y consejos incluidos en www.parents.com.

Es posible que no puedas hacer que el salario te dure todo lo que esperabas. Si no puedes llegar a fin de mes sin el dinero extra, intenta volver a tu presupuesto y ver dónde puedes hacer recortes. Puedes encontrar muchos recursos en línea que ofrecen consejos y trucos sobre cómo llegar a fin de mes si te quedas en casa cuidando a tus hijos. Para ver estrategias eficaces de reducción de costos, consulta sitios web como The Penny Hoarder y The Balance (www.thebalancemoney.com).

INCULCAR CONOCIMIENTOS FINANCIEROS A LOS HIJOS

La mayoría de las personas empiezan a tener problemas financieros cuando tienen poco más de veinte años. Eso se debe en gran parte a la falta de educación financiera personal. Puedes empezar a inculcar a tus hijos algunos conceptos financieros importantes cuando son pequeños. Al lograr que se sientan cómodos y seguros con el dinero, ayudarás a criar adultos seguros y sagaces con las finanzas.

Una de las primeras lecciones, y la más importante, involucra el costo de oportunidad, es decir, el concepto de que si gastas dinero en X, no contarás con ese dinero para pagar Y. Otras lecciones importantes incluyen la gratificación retrasada (es decir, no obtener lo que quieres en el momento en que lo quieres), el concepto de ahorrar primero y comprar después, y la necesidad de ganar dinero (ya que no aparece por arte de magia). Puedes encontrar recursos útiles en sitios web como www.incharge.org/es y www

.consumerfinance.gov/es (para más información, échale un vistazo a www.consumerfinance.gov/es/el-dinero-mientras-creces/).

Los niños deben comenzar a recibir un «salario» cuando estén en condiciones de realizar algunas tareas simples (alrededor de la edad preescolar). Esto les enseñará desde una edad muy temprana cómo comenzar a administrar el dinero. Anímalos a ahorrar parte de su salario (las alcancías y los frascos de monedas transparentes son excelentes para esto) para que puedan comprarse algo que quieran. Puedes tener en casa una cantidad de premios para que puedan comprarlos una vez que hayan ganado y ahorrado lo suficiente. A medida que tus hijos crezcan, adapta las enseñanzas a su edad y capacidad de comprensión. Por ejemplo, cuando sean mayores puedes enseñarles sobre presupuestos, préstamos y créditos, e inversiones mediante el uso de herramientas y juegos en línea. Hay excelentes recursos como los juegos Moneytopia y CashCrunch.

Enséñales buenos hábitos de consumo

Una de las cosas más importantes que puedes enseñarles a tus hijos es que la publicidad puede influir en sus decisiones de compra. Pueden resistirse al mensaje del anunciante de que comprar un determinado producto hace que los niños se vean geniales o los hace sentir bien. Por ejemplo, no siempre es necesario tener el último dispositivo electrónico.

CAMINOS SEPARADOS

El impacto financiero del divorcio

El divorcio afecta a millones de familias, y la división de las finanzas puede jugar un papel considerable (y a veces polémico) en el proceso. Por suerte, hay algunos pasos que puedes dar para proteger tus finanzas tanto durante como después de un divorcio.

Una de las cosas que genera mayor confusión son las deudas. Tan pronto como puedas, paga los saldos de todas las tarjetas de crédito conjuntas (aunque tengas que transferir saldos) y cancélalas. Reemplaza esas tarjetas con tarjetas de crédito que estén solo a tu nombre para que tu cónyuge no pueda acumular deudas de las que tú serás responsable. Algunas parejas obtienen préstamos personales individuales y pagan su parte de las deudas conjuntas para que se puedan cerrar las cuentas. Si no es posible hacer eso, informa a tus acreedores de inmediato por escrito que te estás divorciando y que deseas que se congelen tus cuentas de crédito renovables.

Asegúrate de considerar el impacto que tendrá el divorcio en tu seguro médico. Si tienes cobertura bajo la póliza de tu cónyuge y él o ella trabaja para una empresa con más de veinte empleados, es elegible para continuar recibiendo cobertura bajo el mismo plan por un periodo de hasta treinta y seis meses bajo la cobertura COBRA. Tendrás que pagar el monto que le cuesta la cobertura al empleador más un cargo administrativo del 2 %, lo que puede resultar bastante oneroso. Si no notificas al empleador de tu cónyuge sobre el divorcio dentro de los sesenta días, perderás el derecho a este beneficio. Perder la cobertura a causa de un divorcio también te permite acceder a cobertura a través de la Ley del Cuidado de Salud Asequible (Affordable Care Act, ACA) como un periodo de inscripción especial.

Planificadores financieros de divorcios

Los analistas financieros de divorcios certificados son profesionales que brindan asesoramiento financiero que los abogados no están capacitados para ofrecer. Este asesoramiento incluye el impacto financiero a corto y largo plazo del acuerdo de divorcio propuesto, las consecuencias fiscales, la división de los planes de jubilación y cuestiones relacionadas con las opciones sobre acciones o los seguros. Estos profesionales actuarán como tu defensor para lograr un acuerdo de divorcio que sea equitativo a nivel financiero.

MANUTENCIÓN DE HIJOS

Si tu matrimonio se encamina hacia un divorcio y tú eres el padre que tiene la custodia, solicita la manutención de hijos tan pronto como tú y tu cónyuge se separen. Tu cónyuge no tiene la obligación legal de pagar la manutención de los hijos a menos que haya una orden judicial de divorcio, disolución del matrimonio, establecimiento de paternidad o separación legal. Un abogado o tu agencia local de manutención de hijos puede ayudarte a obtener una orden judicial. Los fallos de manutención de hijos se emiten a partir de la fecha en que se solicitan y no son retroactivos.

Lamentablemente, contar con una orden judicial no siempre alcanza. De acuerdo con la Oficina del Censo de EE. UU., solo el 44 % de los padres con custodia reciben pagos completos de manutención de hijos con regularidad, y alrededor de $33 mil millones de manutención de hijos ordenada por la corte permanecen impagos. Si tu ex se atrasa con los pagos de la manutención de hijos, tienes algunas opciones, pero la mejor manera de brindar protección financiera a tu familia es no depender de ese dinero para cubrir tus gastos mensuales necesarios. Busca otras fuentes seguras de ingresos en las que puedas confiar para pagar tus facturas. Aunque tu ex pague siempre en término y tu separación sea relativamente amistosa, las situaciones pueden cambiar y esos pagos de manutención pueden interrumpirse (por ejemplo, en caso de pérdida del empleo, una enfermedad o un nuevo matrimonio).

Eso no significa que no debas reclamar los pagos de manutención de hijos vencidos que tu excónyuge no ha pagado. La Oficina Federal de Cumplimiento de Manutención de Hijos (Federal Office of Child Support Enforcement) (www.acf.hhs.gov/css) ofrece información detallada, consejos y apoyo para cobrar la manutención de los hijos atrasada.

QDRO

Como todos los demás activos en un divorcio, los ahorros para la jubilación en general se dividen. La forma en que se divide el dinero depende de diversos factores, desde la ley estatal que rige (en el lugar en que tiene lugar tu proceso de divorcio) hasta los niveles de ingresos relativos. Más allá de cómo se calculen los números, es importante seguir todos los pasos necesarios para dividir los activos sin que tengas que pagar impuestos sobre la renta corrientes y penalidades fiscales y, en consecuencia, pierdas una gran parte de ese dinero.

Una orden calificada de relaciones domésticas (qualified domestic relations order, QDRO) es un documento legal especial que detalla cómo se dividirán los activos del plan de jubilación en un divorcio. El tribunal emite una QDRO y se la entrega al empleador del cónyuge con el plan. De esa forma, el cónyuge titular del plan no tendrá que pagar impuestos sobre la renta al retirar el dinero. Además, con una QDRO debidamente firmada, el dinero retirado del plan no quedará sujeto a la penalidad por retiro anticipado del 10 % que normalmente afecta a las distribuciones prematuras de los planes de jubilación. Y con un ahorro sustancial para la jubilación, ese 10 % podría traducirse en una suma cuantiosa (por ejemplo, en una cuenta de jubilación de $500 000, la penalidad por sí sola sería de $50 000).

Incluye la información adecuada

Para ser válidas, las QDRO deben incluir información específica a fin de que puedas evitar esa desagradable penalidad del 10 %. Una QDRO adecuada debe incluir la siguiente información:

- El nombre y la dirección postal del titular del plan (el cónyuge que tiene la cuenta)
- El nombre y la dirección postal del beneficiario alternativo (el cónyuge que recibe el pago)
- El porcentaje o monto de los fondos que pasarán al beneficiario alternativo
- Cómo se determinó el porcentaje o el monto
- Cómo y cuándo se realizarán los pagos
- Cuántos pagos se realizarán

Puedes encontrar más detalles sobre la información que se debe incluir en las QDRO en el sitio web del Departamento de Trabajo de EE. UU. en www.dol.gov.

El tipo de plan afecta el dinero que recibes

Crear una QDRO para planes de aportaciones definidas, como cuentas 401(k) o IRA (cuentas de jubilación individuales), es bastante sencillo. Las cosas se complican cuando se trata de planes de beneficios definidos. Los cálculos para los pagos del plan de beneficios definidos son complejos y se basan en diversos factores (por ejemplo, años de servicio en la empresa y esperanza de vida), por lo que los cálculos de la QDRO también son bastante intrincados. De hecho, por lo general es necesario que un actuario u otro especialista en beneficios de jubilación calcule la parte de los activos del plan que le corresponde a cada cónyuge. Además, los términos de pago de la QDRO no pueden ser diferentes de los términos de pago del plan.

¿Ahora o después?

Muchos excónyuges que reciben pagos de planes de jubilación no devuelven ese dinero a los ahorros para la jubilación, sino que lo usan para cubrir los gastos corrientes. Si el dinero no se deposita en una cuenta de jubilación, quedará sujeto a los impuestos sobre la renta actuales (a menos que el dinero salga de una cuenta IRA Roth). Por ejemplo, si uno de los cónyuges recibe $50 000 del plan del otro cónyuge y no los transfiere a una cuenta de jubilación, el administrador del plan tomará automáticamente el 20 % para fines fiscales (como si hiciera una retención sobre el salario para el pago de impuestos). Esto se hace para cubrir los posibles impuestos sobre la renta aplicables a los $50 000, los cuales estarán determinados por la situación financiera general del cónyuge en el momento de presentar la declaración de impuestos.

Pero si ese dinero se deposita directamente en una cuenta de jubilación, no se aplicarán los impuestos sobre la renta corrientes hasta que el dinero se retire. Eso ofrece dos beneficios financieros importantes:

- El dinero se convertirá en una reserva de ahorros más cuantiosa gracias a la capitalización con impuestos diferidos.
- Los retiros probablemente serán menores que el monto único original, lo que reducirá la carga fiscal.

Además, sería prácticamente imposible recuperar esos ahorros para la jubilación si el dinero se usara para pagar los gastos actuales. Ahorrar otros $50 000 (o cualquier otro monto) con el tiempo no le dará a los ahorros para la jubilación el mismo impulso: perderán una gran cantidad de tiempo de capitalización.

El factor IRA Roth

Al dividir las cuentas de jubilación, recuerda que no todas reciben el mismo tratamiento fiscal. La forma en que se gravará la cuenta durante la jubilación puede cambiar considerablemente su valor justo. Por ejemplo, una cuenta IRA Roth de $50 000 valdrá más que una IRA tradicional de $50 000, ya que los fondos de la cuenta IRA Roth estarán libres de impuestos durante la jubilación y los de la cuenta IRA tradicional estarán sujetos a impuestos.

EL SEGURO SOCIAL Y EL DIVORCIO

Si estás divorciado, es posible que tengas derecho a recibir beneficios de jubilación del seguro social según los ingresos de tu excónyuge. El acceso a estos beneficios dependerá de tu situación específica y de que cumplas todos los requisitos siguientes:

- Tienes al menos sesenta y dos años de edad.
- Estuviste casado durante al menos diez años y llevas divorciado al menos dos años (a menos que tu excónyuge ya esté cobrando beneficios del seguro social).
- No estás casado (no importa si tu excónyuge está casado).

- Tu excónyuge califica para los beneficios de jubilación del seguro social (aunque aún no los haya solicitado).
- El beneficio que recibirías en función de tus antecedentes laborales es menor que el beneficio que recibirías en función de los antecedentes laborales de tu excónyuge.

Si cumples con todos estos criterios, recibirás hasta la mitad del beneficio completo de tu ex. Los beneficios que recibas no tendrán ningún efecto sobre los beneficios que recibe tu excónyuge, y viceversa: si tu excónyuge reclama el seguro social en función de tus beneficios, no tendrá ningún efecto en los tuyos. Además, ninguno de los dos puede evitar que el otro cobre los beneficios del excónyuge. De hecho, tu ex ni siquiera necesita saber que estás reclamando beneficios en función de sus antecedentes de ganancias. Si has estado casado y divorciado más de una vez, puedes elegir el beneficio del seguro social que te brinde el mayor pago (tus beneficios o los de tu ex).

Para evitar recibir beneficios de jubilación reducidos, espera hasta que llegues a la edad de jubilación plena (full retirement age, FRA). Si bien puedes comenzar a recibir pagos del seguro social a los sesenta y dos años, el cheque mensual será por un monto menor al que recibirías si esperas al menos hasta tu FRA para comenzar. Tu FRA se basa en tu año de nacimiento y puedes encontrar esa información en el sitio web del Seguro Social en www.ssa.gov. Por ejemplo, la FRA para cualquier persona nacida en 1960 o después es de sesenta y siete años.

Capítulo 9

El impacto de los impuestos

Cuando se trata de impuestos, completar los formularios correctamente no es ni siquiera la mitad de la batalla. También debes evitar penalidades y conservar la mayor cantidad posible de tu dinero aprovechando todas las estrategias de ahorro de impuestos que tienes disponibles. Para ello, se requiere una comprensión básica de cómo funcionan los impuestos y un conocimiento de las importantes oportunidades para reducirlos.

EMPIEZA POR EL PRINCIPIO

Aspectos básicos de los impuestos federales y estatales

Cuando te retienen los impuestos sobre la renta de tu salario en cada periodo de pago, en realidad estás pagando por adelantado una estimación de los impuestos que deberás pagar ese año. Le pagarás lo que le debes al tío Sam y a los estados en que hayas trabajado cuando prepares tu declaración de impuestos una vez finalizado el año.

FORMULARIO W-4

El monto de la retención se calcula teniendo en cuenta una serie de factores, como tu estado civil (casado, cabeza de familia o soltero), la cantidad de trabajos que has tenido y la cantidad de exenciones de retención que reclames en el Formulario W-4 que le entregas a tu empleador. Debes presentar un nuevo W-4 a tu empleador en los siguientes casos:

- Recibiste un reembolso cuantioso (más de $250) el año anterior.
- Tuviste que pagar más de $100 el año anterior cuando presentaste tu declaración de impuestos.
- Te casaste o divorciaste.
- Tuviste un hijo.
- Ya no puedes incluir a una persona a cargo que incluiste el año anterior.
- Comenzaste un trabajo paralelo.
- Compraste una casa.

Puedes usar la calculadora de retenciones en línea del IRS (www.irs.gov/es) para completar el W-4 paso por paso. Y si las circunstancias cambian durante el año, o si te das cuenta de que te están reteniendo demasiado o muy poco, siempre puedes completar un nuevo formulario y modificar las retenciones.

¿Retener o ahorrar?

Desde el punto de vista financiero, nunca tiene sentido que te retengan más impuestos sobre la renta de los que sabes que vas a tener que pagar. En lugar de darle al Gobierno un gran préstamo sin intereses durante todo el año, podrías usar ese dinero extra para pagar las deudas más rápido, o pedir que te deduzcan automáticamente una cantidad fija de tu salario y que te la depositen en una cuenta de ahorros.

Tasas fiscales marginales y efectivas

Tus ingresos se gravan en función de siete niveles de ingresos imponibles, que van desde el 10 % hasta el 37 %. Cuanto más altos sean tus ingresos, más niveles impositivos cruzarás, y los ingresos que se encuentran dentro de cada nivel se gravarán a la tasa correspondiente a ese nivel. Puedes consultar los niveles impositivos actuales en el sitio web del IRS en www.irs.gov/es.

Estos niveles funcionan igual para todos. Los ingresos que se encuentran en el primer nivel (los límites se basan en tu estado civil) se gravan a la tasa más baja. Los ingresos que superan ese nivel se gravan a la siguiente tasa más alta, hasta el límite correspondiente a ese nivel. Al llegar al nivel superior, todos los ingresos adicionales se gravan a la tasa más alta. El último nivel en el que caen tus ingresos te indica cuál es tu tasa marginal (es decir, la tasa fiscal que pagarás sobre tu próximo dólar de ingresos).

Tu tasa fiscal efectiva (o tasa fiscal promedio) es la tasa fiscal que realmente pagas sobre tus ingresos imponibles totales (después de las deducciones). Para calcular la tasa fiscal federal efectiva, divide el monto total de impuestos sobre la renta federales (no el monto que se descontó de tu salario) correspondiente a ese año por tus ingresos totales. Tu tasa fiscal efectiva te permite saber qué porcentaje de impuestos realmente estás pagando con respecto a tus ingresos totales.

Por qué son importantes las tasas fiscales marginales

Conocer tu tasa fiscal marginal puede ayudarte con la planificación de impuestos. Por ejemplo, si tu tasa marginal es del 22 %, el 22 % de cualquier ganancia adicional será para el IRS. Las deducciones fiscales adicionales generarán ahorros del 22 %. Esta información puede ayudarte a decidir si tiene sentido que uses estrategias fiscales como diferir los ingresos o acelerar las deducciones.

DEDUCCIONES ESTÁNDAR Y DETALLADAS

Cuando se trata de solicitar deducciones de impuestos, hay dos opciones. Se puede solicitar la deducción estándar, que es un monto fijo que se deduce de los ingresos imponibles, o bien se pueden detallar las deducciones. Para el año 2020, las deducciones estándar según el tipo de declaración fueron de $12 400 para declaraciones individuales, $24 800 para casados que presentan una declaración conjunta y $18 650 para jefes de familia.

Si tus deducciones permitidas suman más que la deducción estándar, ahorrarás dinero al detallar las deducciones. Para ver si calificas, en una copia del Anexo A del Formulario 1040 haz una lista de los montos de cada una de las deducciones que se aplican a tu caso, como intereses hipotecarios, impuestos inmobiliarios, impuestos sobre la renta estatales y donaciones caritativas. Si el total es mayor que la deducción estándar, vale la pena el trabajo adicional que implica detallar las deducciones.

CÓMO PREPARAR TU DECLARACIÓN DE IMPUESTOS

A millones de personas, la presentación de las declaraciones de impuestos les genera miedo y ansiedad. Les preocupa cometer errores y ser objetos de una auditoría. Tienen miedo de adeudar dinero y no poder pagar. Todo el proceso parece abrumador. Pero con las aplicaciones y el programa de liquidación de impuestos, presentar los impuestos sobre la renta puede ser una tarea sencilla (a menos que tu situación sea complicada).

Tipos de formularios de declaración de impuestos federales

Hay dos versiones del Formulario 1040 de declaración de impuestos sobre la renta para personas físicas de EE. UU.: el formulario estándar y un formulario diseñado para personas mayores, 1040-SR.

La mayoría de los estadounidenses usa el Formulario 1040, también llamado formulario común o estándar. Se utiliza para calcular el monto de impuestos total y determinar si se realizaron pagos de más o de menos durante el año. En el caso de haber pagado de más, recibirás un reembolso; si hiciste pagos de menos, deberás pagar más dinero. Para determinar tu obligación tributaria, debes declarar todos tus ingresos y solicitar las deducciones y los créditos fiscales disponibles para ti.

El Formulario 1040-SR simplifica la declaración de impuestos para las personas mayores de sesenta y cinco años. Estos formularios usan un tipo de letra más grande para facilitar la lectura y un diseño simplificado. El formulario también incluye una tabla de deducciones estándar para que las personas mayores puedan acceder a las deducciones completas a las que tienen derecho.

Puedes encontrar cualquiera de estos formularios y las instrucciones correspondientes en línea en www.irs.gov/es.

Uso de los programas de liquidación de impuestos

Calcular los impuestos por tu cuenta es sencillo si utilizas programas de liquidación de impuestos (en línea o en tu computadora) o aplicaciones como TurboTax, TaxAct o la aplicación móvil de impuestos de H&R Block. Este tipo de programa procesa declaraciones simples y complejas con facilidad, y la mayoría se puede completar y presentar electrónicamente en un par de horas. La mayoría de estos programas inician el proceso con una serie de preguntas como si fuera una entrevista (que puedes omitir si estás familiarizado con los formularios), hacen todos los cálculos, generan la declaración de impuestos terminada y la presentan en formato electrónico por ti.

Uso de papel y bolígrafo

Si no deseas utilizar un programa de liquidación de impuestos, puedes preparar las declaraciones de impuestos con pluma y papel. Sin embargo, si presentas las declaraciones en formato electrónico podrás recibir tu dinero más rápido, en especial si el reembolso se deposita automáticamente en tu cuenta bancaria. Si presentas la declaración en papel, deberás esperar al menos cuatro semanas para recibir el reembolso, o incluso más si la presentas más tarde.

CONTRATAR UN CONTADOR O SERVICIO DE LIQUIDACIÓN DE IMPUESTOS

Casi la mitad de los estadounidenses recurre a algún tipo de servicio de liquidación de impuestos. Si bien vale la pena consultar a un experto en el caso de situaciones fiscales complejas, puedes ahorrar cientos de dólares (o miles si tu situación financiera es complicada) preparando la declaración de impuestos por tu cuenta. Hay casos en los que prácticamente no cabe duda de que es aconsejable recurrir a un profesional, como, por ejemplo, los siguientes:

- Ejerciste opciones sobre acciones de incentivo.
- Realizaste inversiones complejas.
- Tienes una empresa en casa.
- Tienes propiedades en alquiler.
- Hubo una transición importante en tu vida, por ejemplo, te casaste, divorciaste, tuviste un hijo o comenzaste tu propio negocio.

Las calificaciones profesionales de los liquidadores de impuestos varían enormemente, al igual que sus honorarios. Los contadores públicos certificados (certified public accountants, CPA), los abogados fiscales y los agentes registrados (certificados por el Departamento del Tesoro) son los únicos profesionales que pueden representarte en una auditoría si fuera necesario.

Encontrar un liquidador de impuestos de buena reputación y capacitado

Si entregas tu información fiscal a cinco liquidadores diferentes, es posible que obtengas cinco montos de impuestos diferentes. Para encontrar un profesional de impuestos con experiencia y de buena reputación, en primer lugar pide recomendaciones a amigos, familiares, compañeros de trabajo y otros profesionales. Si no logras obtener una recomendación de esta manera, consulta la división local de una asociación profesional como el Instituto de Contadores Públicos Certificados de EE. UU. (American Institute of Certified Public Accountants, AICPA). Una vez que hayas encontrado a un profesional de tu agrado, habla con él por teléfono y pregúntale sobre sus acreditaciones, antecedentes y honorarios. Averigua si se dedica al asesoramiento fiscal a tiempo completo o parcial, cuántos años de experiencia tiene y si participa en educación profesional continua. Este último punto es importante, ya que los liquidadores de impuestos deben mantenerse al día con los cambios anuales que tienen lugar en las leyes tributarias. Cuando hayas tomado una decisión, solicita una consulta con bastante antelación al plazo de presentación.

TOMAR DECISIONES FINANCIERAS INTELIGENTES DESDE EL PUNTO DE VISTA FISCAL

Piensa en la parte de tus ingresos que se destina al pago de impuestos. Si perteneces a los niveles impositivos más altos, es posible que le estés entregando prácticamente la mitad de cada dólar que ganas al tío Sam. Pero hay algunas cosas que puedes hacer para conservar una parte mayor del dinero que tanto te costó ganar.

Las propiedades como refugio fiscal

Ser propietario de una casa también puede ayudarte a reducir el monto que debes pagar en concepto de impuestos sobre la renta. No solo tienes la posibilidad de deducir los intereses de tu hipoteca y los impuestos inmobiliarios (hasta $10 000) de tus ingresos imponibles, sino que también puedes conservar hasta $250 000 ($500 000 en el caso de parejas casadas) de lo que ganes al vender la propiedad, sin impuestos, siempre y cuando hayas vivido en esa propiedad durante al menos dos de los cinco años previos a la venta.

Otra forma en que puedes reducir los impuestos es asegurarte de solicitar todos los créditos y otras reducciones de impuestos a que tienes derecho, como el crédito por hijos, los créditos educativos, la condición de cabeza de familia o el crédito fiscal por ingresos del trabajo.

APROVECHAR LAS ESTRATEGIAS DE AHORRO DE IMPUESTOS

Combinar deducciones es un enfoque tradicional para reducir los impuestos. Requiere un conocimiento de cuál será tu situación fiscal antes de que termine el año. Si estás cerca de poder detallar las deducciones, combinarlas podría llevarte por encima del umbral. Combinar deducciones es una estrategia que consiste en programar los pagos de gastos deducibles incluyendo la mayor cantidad posible de deducciones en el mismo año. Al combinar las deducciones, «engordas» las deducciones correspondientes a un año y las «adelgazas» al año siguiente, o viceversa. Si estás cerca de tener suficientes gastos médicos para cumplir con el requisito del 10 % de los ingresos y tienes programado un procedimiento médico (desde una cirugía dental hasta un chequeo médico), si te lo realizas antes de que termine el año podría llevarte por encima del límite y reducir tus impuestos.

Reembolsos

A la mayoría de las personas se les retiene un porcentaje del salario mayor del necesario en concepto de impuestos y, por esa razón, reciben un reembolso al final del año. En 2018, el reembolso promedio de impuestos federales fue de $2781. Eso equivale aproximadamente a $230 por mes que podrías haber usado para pagar deudas o depositado en una cuenta de ahorros.

CONSERVAR REGISTROS FISCALES ADECUADOS

Debes conservar registros detallados y organizados como si fueras a ser objeto de una auditoría. Llegado el caso de que tengas que demostrar tus ingresos o deducciones, no tendrás que esforzarte por encontrar recibos y otros documentos. Sin ese respaldo, podrías terminar debiendo al IRS más impuestos, además de las penalidades y los intereses.

Registros que debes conservar

Conserva cualquier documento que identifique tus fuentes de ingresos (W-2, 1099), que ayude a determinar el valor de tus activos (estados de cuenta de corretaje y fondos mutuos) y que demuestre tus deducciones (recibos o facturas y cheques cancelados, declaraciones de impuestos inmobiliarios, declaraciones de intereses hipotecarios y comprobantes de cualquier gasto comercial si presentas el Anexo C). En algunos casos, los cheques por sí solos no bastan para probar la deducibilidad de un gasto. El mejor comprobante es una factura detallada acompañada de un cheque cancelado que demuestre que la pagaste.

Conserva tus registros de impuestos en un archivo separado para cada año. El IRS recomienda conservar los registros durante tres años después de presentada la declaración de impuestos correspondiente, o dos años después de la fecha en que pagaste los impuestos. La mayoría de los profesionales financieros recomiendan conservar copias de las declaraciones de impuestos sobre la renta, estados de cuentas de jubilación, documentos relacionados con la compra o venta de propiedades y con acciones u otras inversiones durante seis a diez años. También puedes escanear los documentos, ya que el IRS los aceptará si es necesario.

OTRAS CUESTIONES RELACIONADAS CON LOS IMPUESTOS

Registros y auditorías

Aunque las ganancias por la venta de tu residencia principal (hasta $250 000 para solteros y hasta $500 000 para parejas casadas) ya no están sujetas a impuestos, debes conservar todos los registros relacionados con la venta y compra de tus propiedades, incluidos los documentos de liquidación y la documentación de mejoras o adiciones a tu hogar. Para calcular si puedes solicitar la exención de impuestos en el caso de obtener una ganancia por la venta de tu casa, debes poder documentar con precisión la base de costo. Si compraste o construiste tu casa, la base original es el precio que pagaste, más los gastos de escrituración. Las mejoras que hagas en tu casa aumentarán la base siempre y cuando cumplan con los requisitos del IRS de aumentar el valor de la casa, prolongar su vida útil o adaptarla a un nuevo uso. Debes diferenciar entre mejoras y reparaciones. Las reparaciones no se pueden agregar a la base de tu casa. Si recurres a contratistas para realizar mejoras, el costo total se puede utilizar para aumentar la base. Si haces el trabajo tú mismo, solo podrás agregar el costo de los materiales.

CÓMO SOBREVIVIR UNA AUDITORÍA

El solo pensar en una auditoría del IRS infunde miedo a la mayoría de las personas, pero en realidad no es para tanto (a menos que hayas cometido fraude intencionalmente, en cuyo caso sí deberías tener miedo). La mayoría de las auditorías incluyen en realidad errores y documentos incompatibles, y se pueden resolver rápidamente sin tener que estar en la misma habitación con el auditor. Son muy pocas las personas que se someten a una auditoría en persona. Millones de ellas recibirán cartas del IRS debido a errores que deben corregir o explicar. Si recibes una de esas cartas, o incluso si te convocan para una auditoría, no te asustes: reúne toda la documentación. Si estás preparado, habrás ganado más de la mitad de la batalla.

La importancia de la documentación

Algunas características de una declaración de impuestos, como tener ingresos superiores a $500 000 o experimentar cambios drásticos en los ingresos, pueden aumentar tus probabilidades de ser objeto de una auditoría. Pero siempre y cuando hayas declarado toda la información de forma precisa y tengas la documentación que lo avale, no tienes motivo para preocuparte.

Lo más básico que puedes hacer para reducir las probabilidades de ser auditado es asegurarte de que no haya errores en tu declaración, lo que puede ocurrir fácilmente al tener que escribir tantos números. La mayoría de los programas de liquidación de impuestos permiten importar documentos fiscales, lo que reduce sustancialmente los errores. Asegúrate de que tu número de seguro social y el de las personas a tu cargo sean correctos. Si no puedes presentar la declaración antes del plazo del 15 de abril, solicita una prórroga antes de esa fecha. No olvides firmar la declaración.

CUANDO NO PUEDES PAGAR LOS IMPUESTOS

Puede ser frustrante terminar la declaración de impuestos y darte cuenta de que debes pagar más impuestos y no tienes el dinero para hacerlo. Aunque pueda resultarte tentador posponer la presentación hasta que puedas pagar, si presentas la declaración de impuestos fuera de término te generará más problemas. Para evitar penalidades adicionales, que harán que tengas que pagar aún más impuestos, presenta la declaración antes de la fecha de vencimiento o solicita una prórroga automática aunque no puedas pagar el monto total adeudado. Paga todo lo que puedas para reducir los cargos por intereses futuros.

El IRS ofrece cuatro opciones para ayudar a los contribuyentes a pagar los impuestos que deben. Están dispuestos a ayudar a cualquier persona que realmente no pueda pagar los impuestos en su totalidad en término, pero debes ser tú quien se comunique con ellos. Las cuatro opciones principales de pago que ofrece el IRS son las siguientes:

- **Prórroga de pago** a corto plazo, mediante la cual el IRS otorga 120 días adicionales para pagar. No cobrarán cargos por elegir esta opción, pero sí cobrarán intereses. Si el monto total es inferior a $100 000, puedes solicitar la prórroga en línea en el sitio web del IRS (www.irs.gov/es; luego, elige la opción «Plan de pagos (Plan de pagos a plazos)» en la pestaña «Pagar»).
- **Plan de cuotas**, que es como un préstamo común, mediante el cual se efectúan pagos mensuales de la deuda, incluidos los intereses. Si adeudas menos de $50 000, puedes solicitar este

plan en línea, pero, en el caso de los contribuyentes de bajos ingresos, podría exceptuarse el pequeño cargo aplicado ($31). Puedes elegir el monto y el día de pago mensual (por ejemplo, podrías pagar $125 el quinto día de cada mes), así que asegúrate de que sea un monto que puedas pagar de manera realista en término todos los meses.

- **Aplazamiento temporal de la cobranza**, que se utiliza en el caso de contribuyentes que atraviesan una crisis financiera grave y, lisa y llanamente, no pueden darse el lujo de pagar nada en el momento. Esta opción funciona como una pausa en el pago de la deuda fiscal y detiene todas las actividades de cobranza y las acciones del IRS, pero se cobrarán intereses (y posiblemente penalidades) hasta que se haya pagado. Para solicitar un aplazamiento, llama al IRS al 1-800-829-1040 (debe tramitarse telefónicamente).
- **Oferta de compromiso**, que permite saldar la deuda con el IRS por menos dinero del que se adeuda si el IRS acepta la oferta propuesta (lo cual es relativamente infrecuente). Para averiguar si podrías calificar para esta opción, utiliza la herramienta de precalificación para oferta de compromiso (Offer in Compromise, OIC) del IRS que se encuentra en su sitio web. Si calificas, el próximo paso será completar unos cuantos formularios en el Folleto de oferta de compromiso del Formulario 656 y pagar un cargo de solicitud *no reembolsable* de $186. Al presentar la solicitud, deberás pagar el 20 % de la oferta por adelantado (a menos que cumplas con los criterios de Certificación de bajos ingresos del IRS).

Para obtener más información sobre todas estas opciones, consulta el sitio web del IRS en www.irs.gov/es.

Prepárate para el futuro

Para asegurarte de no adeudar muchos impuestos en los próximos años, revisa tus retenciones todos los años y asegúrate de que te deduzcan lo suficiente para cubrir tus ingresos. Si recibes ingresos de los que no se retuvieron impuestos (por ejemplo, por trabajos secundarios, trabajos independientes o inversiones), realiza pagos trimestrales de impuestos estimados o aumenta el monto de las retenciones en el trabajo para compensar.

El método de impuestos estimados se utiliza para pagar impuestos sobre los ingresos que no están sujetos a retención. Incluye las ganancias provenientes de trabajo por cuenta propia, intereses, dividendos y alquileres; básicamente, todos los ingresos que recibas de los que no se deduzcan impuestos. En el sitio web del IRS (www.irs.gov/es) encontrarás una hoja de trabajo de impuestos estimados que puede ayudarte a calcular cuánto deberás pagar cada trimestre para evitar ser objeto de penalidades fiscales. Los impuestos estimados se pueden pagar por correo (junto con el Formulario 1040-ES del IRS) o en línea.

Para evitar incurrir en penalidades fiscales por pagar impuestos de menos, calcula tu obligación fiscal antes de que finalice el año para tener tiempo de ponerte al día si no te han realizado suficientes retenciones. Si tu situación fiscal ha cambiado durante el año, usa la calculadora de retenciones incluida en el sitio web del IRS para determinar si debes hacer algún ajuste. Para evitar penalidades, debes pagar al menos el 90 % de los impuestos correspondientes al año en curso antes del 31 de diciembre, o el 100 % de tu obligación fiscal total correspondiente al año anterior (110 % si ganas más de $150,000).

Si todo parece indicar que no te han realizado suficientes retenciones fiscales, modifica las retenciones presentando un nuevo W-4 a tu empleador para que te deduzcan impuestos adicionales en cada periodo de pago hasta la finalización del año. Después del comienzo del nuevo año, completa otro W-4 para volver a ajustar las retenciones a un monto más normal.

CRÉDITOS Y DEDUCCIONES

¿Cuál es la diferencia?

Al administrar tus impuestos, es importante que comprendas la diferencia entre un crédito y una deducción. Los créditos son reducciones dólar por dólar del impuesto sobre la renta que debes pagar. En otras palabras, un crédito reduce la cantidad de impuestos que debes por el monto del crédito (un crédito de $500 reduce el monto de impuestos que debes pagar en $500). Los créditos suelen ser mucho más convenientes para tus finanzas que las deducciones.

Las deducciones reducen el monto de ingresos sujeto a impuestos. Una deducción de $500 no reduce el monto de impuestos que debes pagar en $500. Lo que hace es reducir tus ingresos imponibles en $500. Pagarás menos impuestos, pero no se trata de una reducción dólar por dólar. Si pagas impuestos al 22 %, una deducción de $500 podría ahorrarte $110 en impuestos (el 22 % de $500).

BENEFICIOS PARA LA EDUCACIÓN

La ley tributaria vigente ofrece muchos créditos y deducciones fiscales para la educación. Estos créditos pueden estar limitados por tu nivel de ingresos y otras reglas de elegibilidad, pero si calificas, pueden reducir considerablemente el monto que debes pagar en impuestos.

Para asegurarte de aprovechar estos beneficios de forma adecuada, te conviene consultar a un contador o liquidador de impuestos. Ellos podrán ayudarte a elegir qué combinación de deducciones y créditos te permitirá obtener los mayores ahorros fiscales.

CRÉDITO FISCAL DE OPORTUNIDAD ESTADOUNIDENSE

Si te encuentras cursando los primeros cuatro años de educación postsecundaria, averigua sobre el crédito fiscal de oportunidad estadounidense (American Opportunity Tax Credit, AOTC). Este programa ofrece un crédito fiscal parcialmente reembolsable de hasta $2500 por estudiante elegible. Es uno de los beneficios educativos más poderosos, ya que te permite obtener un crédito dólar por dólar sobre los primeros $2000 de gastos calificados. Para poder acceder a este beneficio, deberás cumplir con ciertos requisitos relacionados con ingresos, inscripción y otras características. Por ejemplo, debes estar cursando los primeros cuatro años de educación superior y ser estudiante de medio tiempo como mínimo. Este crédito es reembolsable hasta $1000 por encima de los impuestos sobre la renta que debes pagar, por lo que los estudiantes universitarios que pagan su propia matrícula deben presentar una declaración de impuestos sobre la renta aunque no hayan recibido ingresos durante el año.

DEDUCCIÓN DE INTERESES DE PRÉSTAMOS ESTUDIANTILES

El Gobierno federal permite deducir de los ingresos imponibles hasta $2500 en concepto de intereses pagados por préstamos estudiantiles calificados. Es una de las varias exenciones fiscales disponibles para los estudiantes y sus padres, para ayudarles a pagar los costos de la educación superior. Para obtener más información al respecto, visita el sitio web del IRS.

CRÉDITO DE APRENDIZAJE DE POR VIDA

El crédito de aprendizaje de por vida ofrece un crédito fiscal incluso durante los estudios de posgrado y para algunos gastos de educación continuada relacionados con el trabajo. El crédito máximo es de $2000, pero solo se acredita el 20 % de los gastos de educación (por lo que debes gastar $10 000 para acceder al crédito completo). A diferencia del AOTC, este no es un crédito reembolsable, lo que significa que si lleva el monto total de impuestos que debes pagar por debajo de cero, no te devolverán el dinero extra.

OTROS BENEFICIOS PARA LA EDUCACIÓN

Averigua si tu empleador te ayudará a pagar los gastos de educación. La asistencia para la educación que proporciona el empleador puede ser sumamente poderosa. Si tienes un negocio familiar, puede pagar la educación de alguien. Luego, la empresa puede tomar una deducción de hasta $5250, que el destinatario recibe libre de impuestos.

Los intereses de los bonos de ahorro de EE. UU. pueden estar libres de impuestos si los ingresos se utilizan para pagar gastos de educación calificados. Cada uno de estos beneficios fiscales está sujeto a una eliminación gradual si los ingresos son demasiado altos. Para obtener más detalles, consulta la Publicación 970 del IRS.

EXENCIONES FISCALES RELACIONADAS CON LOS HIJOS

Hay muchos subsidios fiscales relacionados con los hijos. Esta es una breve lista de algunos de los beneficios fiscales más comunes:

1. Crédito fiscal por hijos: hay disponible un crédito de $2000 por cada hijo a cargo calificado menor de diecisiete años. Este crédito está sujeto a una eliminación gradual si el contribuyente tiene demasiados ingresos. Consulta la publicación 972 del IRS.
2. Crédito fiscal por cuidado infantil y de personas a cargo: hay disponible un crédito fiscal por el 20 al 35 % de hasta $3000 de gastos de cuidado infantil ($6000 si tienes más de un hijo) cada año si tu hijo es menor de trece años. Esto podría incluir pagos realizados a campamentos de día de verano y programas extracurriculares, siempre que le proporciones al IRS el número de identificación y la dirección de la persona o entidad a la que estás pagando. Para obtener más detalles, consulta la Publicación 503 del IRS.
3. Crédito fiscal por ingresos de trabajo (Earned Income Tax Credit, EITC): los contribuyentes con bajos ingresos, en especial aquellos con hijos calificados, podrían acceder a este crédito fiscal reembolsable, por lo que tiene sentido presentar una declaración de impuestos aunque no tengas la obligación de hacerlo. Para determinar si calificas, consulta la Publicación 596 del IRS.

Capítulo 10

La planificación de la jubilación

Nunca se es demasiado joven para comenzar a invertir para la jubilación. De hecho, cuanto antes comiences, mejor te irá. La capitalización de las ganancias es tan poderosa que, si empiezas a invertir a los veinte años, podrás acumular una gran cantidad de ahorros con poco esfuerzo para cuando llegues a los sesenta o setenta años. Empezar es más fácil y menos penoso de lo que crees, en especial si tienes acceso a un plan de jubilación patrocinado por el empleador. Aunque no lo tengas, solo te llevará unos minutos configurar tu propia cuenta de jubilación y comenzar a trabajar para un futuro financiero seguro y cómodo.

PLANES DE JUBILACIÓN

Aspectos básicos

Si bien los planes de pensiones tradicionales, que estaban de moda hace medio siglo, han desaparecido en su mayoría, todavía hay una serie de planes de jubilación que pueden ayudarte a acumular una cantidad lo suficientemente grande de ahorros para que puedas vivir tus años dorados sin sobresaltos financieros.

PLANES DE APORTACIONES DEFINIDAS

Los planes de aportaciones definidas patrocinados por el empleador no garantizan que recibirás un monto específico cuando te jubiles. La cantidad que recibas dependerá de cuánto tú y (posiblemente) tu empleador hayan aportado y del desempeño de tus inversiones a lo largo de los años. No está de más reiterar que, si tu empleador realiza aportaciones equivalentes a un plan de jubilación, sin duda te convendría participar. ¡Se trata de dinero gratis! Tus aportaciones más las aportaciones realizadas por tu empleador sobre las que hayas adquirido derechos se mantienen siempre en una cuenta individual a tu nombre.

En los planes de aportaciones definidas, en general se puede elegir entre una variedad de acciones, bonos, fondos mutuos, anualidades, fondos del mercado monetario o (a veces) acciones de la empresa. El plan especificará la frecuencia con que se pueden hacer cambios en las opciones de inversión. Muchos planes permiten administrar la cuenta en línea y realizar cambios en las inversiones con la frecuencia que desees.

Una de las características atractivas de los planes de aportaciones definidas es que son portables. Si cambias de trabajo, puedes llevarte el dinero contigo. Los siguientes son los planes de aportaciones definidas más comunes:

- Planes 401(k), ofrecidos por empresas privadas
- Planes 403(b), ofrecidos por empleadores sin fines de lucro y exentos de impuestos, como escuelas y universidades, hospitales, museos y fundaciones
- Planes 457, ofrecidos por organismos gubernamentales federales, estatales y locales y organizaciones sin fines de lucro

Otros planes de aportaciones definidas incluyen planes de propiedad de acciones para empleados (employee stock ownership plans, ESOP), planes de participación en las ganancias, planes de pensión simplificada para empleados (Simplified Employee Pension, SEP) y planes de igualación de incentivos de ahorro para empleados (Savings Incentive Match Plans for Employees, SIMPLE). Todos estos planes tienen algo importante en común: no deberás pagar impuestos sobre tus aportaciones ni tus ganancias hasta que retires el dinero, lo que deberás hacer una vez que cumplas los setenta y dos años de edad.

PLANES 401(K)

Un plan 401(k) es un plan de jubilación patrocinado por el empleador que ofrece una exención fiscal especial a los empleados que ahorran para la jubilación. Así es como funciona la exención de impuestos: si aportas $2000 al año y te encuentras en la categoría impositiva federal del 24 %, ahorrarás $480 en impuestos sobre la renta corrientes para el año. Tus aportaciones se deducen de tu salario antes de que se calculen los impuestos, por lo que estás invirtiendo con dinero antes de impuestos. Si vives en uno de los estados donde las aportaciones a planes 401(k) pagan impuestos de forma diferida y te encuentras en una categoría del impuesto sobre la renta estatal del 6 %, ahorrarías otros $120 en impuestos estatales, o $600 en total. En conclusión, sumarás $2000 a tu cuenta de inversión, pero solo $1400 saldrán de tu bolsillo ($2000 – $600 = $1400). No pagarás impuestos sobre tus ganancias hasta el momento en que las retires, supuestamente al jubilarte, por lo que tus inversiones crecerán más rápido mientras tus ganancias libres de impuestos se benefician de la capitalización.

Aportaciones equivalentes del empleador

Muchos empleadores realizan aportaciones por un determinado porcentaje de las aportaciones del empleado. Los montos varían, pero suelen ser de entre cincuenta centavos y un dólar por cada dólar que aporta el empleado, hasta el 6 % de su salario. Si tu empleador ofrece aportaciones equivalentes y no participas en el plan, es como ver dinero tirado en la acera y no recogerlo. Aunque no puedas aprovechar las aportaciones equivalentes totales, aporta lo más que puedas para recibir al menos una parte de ese dinero gratis.

Límites de aportación

El IRS establece límites, que se ajustan anualmente según la inflación, sobre la cantidad que puedes aportar a un plan 401(k) cada año. Para 2020, puedes aportar hasta $19 500. Una vez que cumplas los cincuenta años, podrás hacer aportaciones adicionales de «compensación» de hasta $6,500.

Adquisición de derechos sobre los planes 401(k)

Siempre eres dueño del 100 % de las aportaciones que realices al plan. Las aportaciones equivalentes del empleador pueden estar sujetas a la adquisición de derechos. Esto significa que adquirirás derechos graduales sobre estas aportaciones a lo largo de varios años de empleo en la empresa. Aproximadamente la mitad de los empleadores ofrecen adquisición de derechos inmediata sobre sus aportaciones equivalentes.

Hay dos tipos de cronogramas de adquisición de derechos para los empleadores que utilizan ese método. Algunos planes 401(k) están sujetos a la adquisición de derechos conocida como «*cliff vesting*», en la que no eres dueño de ninguna parte de las aportaciones equivalentes hasta que no hayas trabajado para la empresa durante un cierto periodo de tiempo, pero no más de tres años. El otro tipo de cronograma de adquisición de derechos es la adquisición gradual, en la que eres dueño de un porcentaje cada vez mayor de las aportaciones del empleador a lo largo de varios años. Por ley, la adquisición total debe tener lugar dentro de los seis años. En la actualidad, el cronograma típico de adquisición de derechos es del 20 % después del segundo año, el 40 % después del tercer año, el 60 % después del cuarto año, el 80 % después del quinto año y el 100 % después del sexto año.

Cuando pienses en cambiar de trabajo, es importante que tengas en cuenta el impacto que tendrá en tu 401(k). Si tu plan sigue el cronograma de adquisición de derechos denominado «*cliff vesting*» y dejas la empresa antes de trabajar la cantidad requerida de años, perderás todos los fondos provenientes de las aportaciones equivalentes realizadas por tu empleador. Si te quedas en tu trabajo actual durante unos meses o años más, podrías irte con miles de dólares adicionales en fondos de aportaciones equivalentes de la empresa. Supongamos que recibiste aportaciones equivalentes por $6000 conforme a un cronograma de adquisición de derechos del 20 % anual durante cinco años. Si dejaste la empresa para empezar un nuevo trabajo después de tres años, te llevarías $3600 ($6000 × 60 % = $3600) en fondos de aportaciones equivalentes, más todas las aportaciones que hiciste de tu salario y cualquier ganancia asociada, pero perderías $2400 ($6000 × 40 % = $2400) más las ganancias que haya acumulado ese dinero.

Cambiar de trabajo

La portabilidad de los planes 401(k) es una excelente característica, pero ¿qué puedes hacer con tu dinero cuando cambias de trabajo? Tienes tres opciones:

1. Si tienes más de $5000 en tu cuenta, tienes la opción de dejar los fondos en el plan de tu exempleador.
2. Es posible que puedas transferir tu saldo directamente (o «reinvertirlo») al plan de tu nuevo empleador.
3. Puedes configurar una cuenta IRA individual en un banco, a través de un corredor o directamente con un fondo mutuo, y transferir el saldo de tu cuenta 401(k) a esa cuenta.

Las reglas para las reinversiones son estrictas, así que asegúrate de seguirlas con cuidado para evitar penalidades fiscales. Algunos planes hacen una transferencia directa a tu nueva cuenta; otros te enviarán un cheque que deberás depositar en tu cuenta IRA dentro de sesenta días para evitar penalidades fiscales.

Los tres grandes riesgos de tomar préstamos de tu cuenta 401(k)

Quizás tomar un préstamo de tu cuenta 401(k) no te parezca arriesgado, pero lo es. El préstamo no solo puede desbaratar tus planes de ahorro para la jubilación, sino que también puede afectar tus finanzas actuales. Estos son los tres grandes riesgos de tomar préstamos de tu cuenta 401(k):

1. Aunque te reembolsarás el préstamo a ti mismo y con intereses, perderás todas las ganancias capitalizadas sobre el monto que retiraste; además, es casi seguro que esa tasa de interés será más baja que los rendimientos que tu dinero podría haber generado.
2. Muchos empleadores no permiten hacer aportaciones a la cuenta 401(k) si tienes un préstamo pendiente. Esto significa que perderás la capacidad de ahorrar. Además, el reembolso del préstamo comienza de inmediato y se descuenta directamente de tu salario, algo para lo que muchas de las personas que toman préstamos no están preparadas.
3. Si dejas o pierdes tu trabajo por cualquier motivo, debes devolver la totalidad del préstamo o el IRS lo considerará un retiro anticipado y aplicará los impuestos y penalidades correspondientes.

Si estás considerando tomar dinero prestado de tu cuenta de jubilación, procura encontrar otra forma de obtener el dinero que necesitas.

PLANES 403(B) Y 457

Los planes de aportaciones definidas, o planes 403(b), funcionan de manera muy similar a los planes 401(k) y, con el tiempo, han comenzado a parecerse cada vez más a estos últimos. Tus aportaciones son deducibles de impuestos y el pago de impuestos sobre tus ganancias se difiere hasta que retires el dinero al jubilarte. Al igual que los planes 401(k), los montos que tú y tu empleador pueden aportar están limitados por la ley. En un plan 403(b), los empleados también pueden realizar una aportación de compensación adicional si tienen más de quince años de servicio. Esta aportación adicional, conocida como aportación permitida máxima (maximum allowable contribution, MAC), permite a los empleados de larga data aportar hasta $3000 adicionales por año, por una MAC total de $15 000. La MAC está por encima de cualquier aportación de compensación relacionada con la edad.

Los planes de la sección 457 son planes de aportaciones definidas ofrecidos por organismos gubernamentales y algunas organizaciones sin fines de lucro. Al igual que los planes 401(k) y 403(b), permiten hacer aportaciones deducibles de impuestos y las ganancias crecen con impuestos diferidos hasta la jubilación. Dado que los planes 457 son planes «no calificados», algunos aspectos específicos, como las aportaciones de compensación y los retiros anticipados, se manejan de manera diferente. Por ejemplo, si retiras dinero antes de los cincuenta y nueve años y medio, no se te aplicará una penalidad fiscal del 10 % (pero tendrás que pagar impuestos sobre la renta regulares sobre el retiro). Las aportaciones de compensación también funcionan de manera diferente. Los empleadores tienen la opción de permitirte hacer aportaciones de compensación regulares cuando cumplas cincuenta años. También se aplica una disposición especial adicional a las aportaciones de compensación que los empleadores pueden ofrecer llamada «compensación de los últimos tres años». Con esta opción, puedes aportar el doble del límite de aportación común durante los últimos tres años antes de la edad de jubilación del plan. Si tu empleador ofrece ambos tipos de planes, puedes realizar aportaciones a ambos.

CUENTAS DE JUBILACIÓN INDIVIDUALES

Una valiosa herramienta de ahorro

Desde su creación hace más de veinte años, las cuentas de jubilación individuales (Individual Retirement Accounts, IRA) han evolucionado. En la actualidad, incluyen variantes como IRA SEP, IRA Roth, IRA SIMPLE y otras. Las cuentas IRA ofrecen los mismos beneficios de pago de impuestos diferidos que las cuentas 401(k) y planes similares patrocinados por el empleador (aunque las IRA Roth funcionan de manera un poco diferente) y te permiten decidir cómo se invertirán tus fondos.

Si tienes ingresos provenientes de tu empleo (incluido el trabajo por cuenta propia) en cualquier año, puedes hacer aportaciones a una cuenta IRA. El límite de aportación anual era de $6000 en 2020, y puedes hacer una aportación de compensación adicional de $1000 una vez que cumplas los cincuenta años. Puedes abrir una cuenta IRA a través de la mayoría de los bancos e instituciones financieras, o a través de una compañía de fondos mutuos o un corredor. Puedes comenzar a hacer retiros a los cincuenta y nueve años y medio y, a menos que se trate de una cuenta IRA Roth (una cuenta IRA que no paga impuestos en el momento de la distribución), deberás comenzar a hacerlo a los setenta y dos años. Al igual que con los planes 401(k), se aplicará el impuesto sobre la renta y una penalidad del 10 % a los fondos que retires con anticipo, a menos que cumplas los requisitos para una exención de la penalidad (gastos médicos no reembolsados muy elevados, gastos de educación superior calificados o hasta $10 000 si el dinero se destina a la compra de tu primera vivienda).

Si tienes acceso a un plan de jubilación patrocinado por el empleador con aportaciones equivalentes, consigue esas aportaciones antes de depositar dinero en una cuenta IRA. Si no tienes acceso a un plan patrocinado por el empleador, aporta todo lo que puedas a tu cuenta IRA.

Cuentas IRA tradicionales

Las cuentas IRA tradicionales (o comunes) ofrecen una deducción de impuestos corriente por las aportaciones y permiten que tu dinero crezca con impuestos diferidos hasta que comiences a hacer retiros. Según tu nivel de ingresos, tu estado civil y si tienes un plan de jubilación calificado en el trabajo, es posible que tus aportaciones a la cuenta IRA no sean totalmente deducibles de impuestos. De todas maneras, puedes hacer aportaciones no deducibles a una cuenta IRA y beneficiarte del crecimiento con impuestos diferidos que ofrece la cuenta, aunque no califiques para la deducción de impuestos corriente. Si tú (y tu cónyuge) no son elegibles para ningún plan de jubilación ofrecido por un empleador, pueden deducir la totalidad de las aportaciones a una cuenta IRA sin importar el nivel de ingresos.

Si tienes una cuenta IRA tradicional, tendrás que comenzar a tomar distribuciones mínimas requeridas (required minimum distributions, RMD) a partir del 1 de abril del año siguiente al año en que cumplas los setenta y dos años. Si no tomas tus RMD todos los años, podrías quedar sujeto a una penalidad del IRS del 50 % del monto que se suponía que debías retirar.

Cuentas IRA Roth

Hay varias diferencias importantes entre las cuentas IRA tradicionales y las IRA Roth. Las aportaciones a las cuentas IRA tradicionales son deducibles de impuestos siempre que cumplas los requisitos de elegibilidad. En cambio, las aportaciones a las cuentas IRA Roth no lo son. Las cuentas IRA tradicionales crecen con impuestos diferidos hasta que retires los fondos al jubilarte, y luego se gravan a la tasa del impuesto sobre la renta común que te corresponde. El crecimiento y las ganancias de las cuentas IRA Roth *nunca* están sujetos a impuestos, siempre y cuando cumplas todas las reglas. A diferencia de las cuentas IRA tradicionales, no es necesario que retires dinero de tu cuenta IRA Roth, incluso después de haber cumplido los setenta y dos años.

Puedes realizar aportaciones a una cuenta IRA Roth aunque participes en un plan de jubilación ofrecido por el empleador y, en ese caso, los límites de ingresos serán más altos que para las aportaciones deducibles a una cuenta IRA. Sin embargo, las personas con altos ingresos pueden quedar excluidas de las aportaciones Roth por completo, sin importar si tienen acceso a planes del empleador. Los límites de ingresos cambian periódicamente. Visita el sitio web del IRS en www.irs.gov/es para informarte sobre las reglas vigentes.

Cómo elegir la mejor cuenta IRA para ti

Puede ser difícil determinar qué te conviene más a largo plazo: una cuenta IRA tradicional o una Roth. Depende de una serie de factores, como cuánto tiempo te falta para jubilarte, cuándo planeas comenzar a retirar dinero, la categoría impositiva a la que perteneces actualmente y las tasas fiscales que estimas se aplicarán durante tu jubilación. Las cuentas IRA Roth ofrecen beneficios aparte de las ganancias libres de impuestos. Puedes retirar tus aportaciones, pero no las ganancias, antes de los cincuenta y nueve años y medio sin pagar impuestos ni penalidades. Puedes retirar hasta $10 000 en ganancias sin penalidades para comprar tu primera casa si el dinero ha estado en la cuenta IRA Roth durante al menos cinco años fiscales, para pagar gastos médicos que excedan el 7,5 % de tus ingresos brutos, para pagar los gastos universitarios de ciertos miembros de la familia, para pagar el seguro médico si estás desempleado durante al menos doce meses o si no puedes trabajar debido a una discapacidad. Cualquier otro retiro de ganancias antes de los cincuenta y nueve años y medio estará sujeto a penalidades e impuestos.

¿IRA común o IRA Roth?

Si tus ingresos exceden los límites de una cuenta IRA tradicional (y eres un participante elegible de un plan calificado), puedes realizar aportaciones de todas maneras, pero no serán deducibles de impuestos. Si no calificas para la deducción de impuestos, una cuenta IRA Roth es una buena opción siempre que tus ingresos estén por debajo del máximo correspondiente a ese año. Si la cuenta IRA Roth no es una opción porque tus ingresos brutos ajustados (adjusted gross income, AGI) son demasiado altos, puedes hacer una aportación no deducible a una cuenta IRA tradicional. Cuando comiences a realizar retiros de esa cuenta IRA, una parte de cada distribución se considerará una devolución no imponible de tu aportación no deducible.

Diversifica las estrategias fiscales

Así como diversificas tus inversiones, debes diversificar tus estrategias fiscales. Dado que nunca se sabe lo que sucederá con las leyes fiscales en el futuro, debes evitar poner todos los huevos en una sola «cesta fiscal».

Al decidir cuánto ahorrar en cada tipo de cuenta, ten en cuenta tus ingresos, tus perspectivas para el futuro y lo que piensas sobre la legislación futura. Si eres relativamente joven y recién empiezas tu carrera, es probable que no estés ganando mucho dinero (y, por lo tanto, que estés pagando impuestos a una tasa relativamente baja). En ese caso, es posible que obtener una deducción no sea algo muy valioso para ti y que prefieras la posibilidad de retirar tu dinero libre de impuestos durante la jubilación. Además, la posibilidad de retirar tus aportaciones en cualquier momento puede servir como una válvula de seguridad. No debes preocuparte por impuestos y penalidades si necesitas recuperar ese dinero.

A medida que asciendes en la escala de ingresos, una aportación deducible a tu cuenta IRA o 401(k) puede ahorrarte una suma importante. Algunas personas prefieren obtener algún beneficio hoy en lugar de esperar hasta más adelante. Se inclinan por tomar una deducción porque están seguras de que pueden hacerlo. No están tan seguras de los futuros cambios en la ley tributaria.

CUENTAS 401(K) ROTH

Algunos planes de jubilación patrocinados por el empleador permiten realizar aportaciones tipo Roth. En otras palabras, ahora los beneficios de una cuenta IRA Roth también están disponibles en algunas cuentas 401(k) y 403(b). Antes, solo era posible hacer aportaciones antes de impuestos (o deducibles) a estos planes. Para muchos jóvenes, las cuentas 401(k) Roth son una opción atractiva.

¿En qué se diferencia una cuenta 401(k) Roth de una cuenta IRA Roth? Para empezar, a las cuentas 401(k) Roth se pueden hacer aportaciones mayores. Es posible asignar la aportación máxima al plan 401(k) ($19 500 en 2020) a dólares tipo Roth sin las limitaciones de AGI de las cuentas IRA Roth. Sin embargo, también se pueden dividir las aportaciones. Por ejemplo, puedes poner el 5 % de tu salario antes de impuestos y el 5 % de tu salario después de impuestos. Además, puedes aportar a una cuenta 401(k) Roth sin importar cuán altos sean tus ingresos. Sin embargo, a diferencia de las cuentas IRA Roth, el dinero en las cuentas 401(k) Roth está sujeto a las reglas de distribución mínima requerida (required minimum distribution, RMD), lo que significa que debes comenzar a realizar retiros a los setenta y dos años.

Las cuentas 401(k) Roth simplemente agregan una opción adicional para tu dinero al plan de jubilación. Tu combinación de inversiones no cambia; solo cambia el tratamiento fiscal. Si abandonas el empleo, tu dinero sigue siendo portable. Sin embargo, debes mantener el dinero tipo Roth separado del dinero tradicional (deducible). Por ejemplo, puedes transferir tu dinero de la cuenta 401(k) Roth a una cuenta IRA Roth y tu dinero de una cuenta 401(k) tradicional a una cuenta IRA tradicional.

PLANES DE JUBILACIÓN PARA PROPIETARIOS DE PEQUEÑAS EMPRESAS Y CUENTAPROPISTAS

Para las empresas pequeñas, los costos siempre son un problema. Los pequeños empleadores no cuentan con los recursos que tienen las grandes empresas. Sin embargo, tienen que competir contra organizaciones más grandes por buenos empleados. En consecuencia, muchas empresas pequeñas ofrecen planes que ayudan a los empleados a ahorrar para la jubilación mientras mantienen los costos bajos. Los planes IRA SIMPLE y SEP permiten a los empleadores ofrecer incentivos con un costo administrativo muy bajo.

Planes IRA SIMPLE y SEP

Los planes IRA de igualación de incentivos de ahorro para empleados (Savings Incentive Match Plan for Employees, SIMPLE) son planes que pueden ofrecer las empresas que no cuentan con otros planes de jubilación y que tienen menos de cien empleados. Al igual que en los planes 401(k), el pago de impuestos sobre tus aportaciones y ganancias es diferido. Puedes aportar hasta $13 500 al año, con un monto de «compensación» adicional de $3000 para los mayores de cincuenta años. El empleador debe realizar aportaciones equivalentes por el 100 % de tus aportaciones, hasta el 3 % de tu salario, o aportar el 2 % de la remuneración de cada empleado elegible, incluso aquellos que no realizan aportaciones al plan.

Los planes IRA de pensión simplificada para empleados (Simplified Employee Pension, SEP) son similares a los planes IRA SIMPLE, excepto que, por lo general, solo el empleador puede realizar aportaciones (algunos empleados pueden hacer aportaciones tradicionales a las cuentas IRA SEP). Para la mayoría de los empleados, la desventaja de este plan es la falta de control sobre cuánto dinero se destina al plan. Sin embargo, si trabajas por cuenta propia, estos planes pueden ayudarte a ahorrar mucho dinero sin mucho papeleo. En ese caso, tú cuentas como empleador y empleado al mismo tiempo. En 2020, el límite de las aportaciones del empleador a un plan SEP fue del 25 % de la remuneración, hasta un máximo de $57

000. Tanto con los planes IRA SIMPLE como con los IRA SEP, es posible que también puedas invertir en una cuenta IRA tradicional o Roth personal. Puedes consultar todos los detalles y reglas específicas para establecer y financiar estos planes en el sitio web del IRS en www.irs.gov/es.

Planes 401(k) Solo

Los planes 401(k) Solo se encuentran entre las opciones más poderosas disponibles para las pequeñas empresas, pero solo funcionan para una empresa unipersonal (o pareja casada). Comparten muchas de las características de los planes 401(k) estándar, incluida la posibilidad de tomar préstamos. Por el contrario, son menos costosos de administrar. Si realizas algún trabajo independiente o como contratista, considera la posibilidad de abrir un plan 401(k) Solo. Además de tus aportaciones con «pago diferido de salario», puedes realizar una aportación de participación en las ganancias de hasta el 25 % de la remuneración. En otras palabras, puedes aportar el mismo monto que en un plan SEP, y hasta más.

OTROS PLANES DE JUBILACIÓN

Cómo encontrar el plan adecuado

Es posible que haya planes no calificados y otros planes de beneficios de jubilación disponibles para ti si tus habilidades se encuentran en gran demanda o si tu empleador es creativo. Por ejemplo, los planes DB(k) proporcionan un pequeño flujo de ingresos garantizados similar a una pensión, junto con la posibilidad de ahorrar dinero como ocurre con un plan 401(k). Otros planes pueden prometerte un pago único cada diez años más o menos.

CÓMO ELEGIR LAS INVERSIONES ADECUADAS

En la mayoría de los planes de jubilación, tú tienes el control a la hora de elegir cómo invertir tu dinero. La pregunta es qué inversiones conviene elegir.

Acciones, bonos, fondos mutuos

Dado que las ganancias para la jubilación crecen con pago de impuestos diferido y te faltan muchos años para que hagas retiros, los planes de jubilación son los más adecuados para realizar las inversiones más agresivas, lo que significa poner una mayor parte de este dinero en el mercado de valores. Puedes compensar parte de ese riesgo colocando parte de tu cartera en inversiones en bonos. La mayoría de los fondos patrocinados por el empleador ofrecen una variedad de fondos mutuos de acciones o bonos. Con las cuentas IRA, tendrás acceso a una variedad mucho más amplia de inversiones, incluidos fondos cotizados en bolsa (exchange-traded funds, ETF), fideicomisos de inversión en bienes raíces (real estate investment trusts, REIT) y acciones y bonos individuales.

Fondos con fecha objetivo

Muchos planes de jubilación patrocinados por el empleador ofrecen opciones en forma de paquetes para que no tengas que seleccionar inversiones individuales y crear tu propia cartera. En su lugar, inviertes en una cartera modelo diseñada por una empresa de inversión. Si bien esta opción puede ser más fácil de manejar, esa simplicidad tiene un costo, en general en forma de cargos de fondos muy elevados.

Además de proporcionar diversificación, muchos de estos fondos ajustan sus tenencias con el tiempo; una fecha objetivo determina cuánto riesgo debe tener la cartera. Por ejemplo, el «Fondo XYZ 2060» podría ser una opción de inversión en tu plan de jubilación. Este fondo podría utilizarlo una persona que planea jubilarse en el año 2060. Cuando al fondo le queda mucho tiempo hasta el vencimiento, tendrá un mayor porcentaje de acciones y otras inversiones más riesgosas. A medida que pasen los años, los administradores del fondo reducirán gradualmente el riesgo agregando inversiones menos riesgosas.

Planes ESOP

Los planes de propiedad de acciones para empleados (employee stock ownership plans, ESOP) te ofrecen la oportunidad de poseer acciones en la empresa en que trabajas. Estos planes pueden ser un gran beneficio, pero hay un detalle muy importante que debes tener en cuenta: no pongas todos los huevos en una sola cesta. Si las acciones de la empresa son la única opción disponible en tu plan 401(k), busca otros vehículos de inversión para algunos de tus ahorros para la jubilación. Si inviertes mucho en acciones de la empresa, considera el peor de los casos. Si algo malo le sucede a la empresa, es probable que el precio de las acciones caiga. Además, tu empleo podría estar en peligro si hay despidos o si el entorno laboral se vuelve intolerable. En este caso, sufrirías un doble golpe: no solo tus ahorros para la jubilación se verían afectados, sino también tus ingresos.

Anualidades

Cuando se configuran y usan de manera correcta, las anualidades proporcionan ingresos estables garantizados de por vida. La anualidad adecuada te proporciona un flujo de ingresos mensual confiable con el que sabes que puedes contar para siempre, sin importar lo que suceda en la economía o el mercado de valores. Esto es particularmente valioso para las personas que solo dependen del seguro social para obtener ingresos garantizados. Las anualidades son productos de seguros. Compras (o inviertes en) una anualidad, y la anualidad te paga regularmente en el futuro, ya sea en forma de pagos mensuales, trimestrales o anuales, o en un pago único en una fecha futura específica.

El monto de cada pago depende de varios factores, incluido el tamaño de la anualidad, cómo se programan los pagos y por cuánto tiempo se realizarán los pagos. También tendrás la opción de recibir pagos por una cierta cantidad de años o por el resto de tu vida.

Al igual que otros tipos de cuentas de jubilación, el dinero de una anualidad crece con impuestos diferidos y no paga impuestos sobre las ganancias hasta que comienzas a recibir los pagos.

Cinturón y tirantes

Las anualidades son útiles en algunas situaciones, pero son propensas al uso indebido. Los consumidores, e incluso los profesionales, tienen problemas para entenderlas. Todas las anualidades tienen un costo y debes pagar más por las cláusulas adicionales (características adicionales). En muchos casos, debes dejar tu dinero con la compañía de seguros durante años antes de poder hacer cualquier otra cosa con él. Por lo tanto, ten mucho cuidado al comprar una anualidad.

Ten especial cuidado al poner tus ahorros para la jubilación en una anualidad. No transfieras una cuenta 401(k) o IRA a una anualidad a menos que tengas una muy buena razón. Antes de la edad de jubilación, el beneficio más probable que puedes obtener de una anualidad es el pago diferido de impuestos. Las cuentas de jubilación ya se benefician del pago diferido de impuestos, por lo que las anualidades deberían ofrecerte un beneficio adicional si vas a pagar los costos asociados con ellas. Poner los ahorros para la jubilación en una anualidad con el fin de diferir el pago de impuestos es como usar un cinturón y tirantes al mismo tiempo para mantener los pantalones levantados.

UNAS PALABRAS SOBRE EL SEGURO SOCIAL

El seguro social es un plan de beneficios que existe desde 1935 para las personas empleadas que pagan al sistema durante la cantidad de tiempo requerida, es decir, cuarenta trimestres de nómina. Además de los beneficios de jubilación, el seguro social incluye varios otros programas, incluido Medicare (el plan de atención médica para personas de sesenta y cinco años o más), beneficios por discapacidad y beneficios de sobreviviente para cónyuges o personas a cargo. Estos programas se financian con impuestos obligatorios que se deducen de tu salario e impuestos equivalentes que paga tu empleador.

PLANIFICADORES FINANCIEROS

Consulta a un profesional

Puede convenirte consultar a un planificador financiero para que te ayude a elaborar un plan para el futuro o en un punto de inflexión importante en tu vida. Si recurres a un planificador financiero para que te ayude a elegir inversiones, ten en cuenta que el asesoramiento de expertos no es una garantía de que tus inversiones generen dinero. Si tienes el tiempo y el interés para hacer tu propia investigación y aprender sobre el tema, probablemente no necesites un planificador financiero para elegir inversiones, a menos que tu situación sea compleja. Considera la posibilidad de desarrollar tus propios planes financieros por escrito, pero consulta cada pocos años a un planificador financiero para asegurarte de que no haya problemas evidentes o que falte algo en el plan que has elaborado para ti.

Si recurres a un profesional, infórmate sobre las inversiones recomendadas y participa en las decisiones de compra y venta que ejecute en tu nombre. Algunos planificadores financieros cobran comisiones por inversiones específicas, por lo que es posible que no sean del todo objetivos al hacer recomendaciones. Para evitar este problema, elige un planificador fiduciario, que está obligado por ley a actuar solo en tu mejor interés. A los planificadores que solo cobran honorarios se les paga por hora o en función de un porcentaje fijo de los activos mantenidos, y no se benefician de recomendar una inversión en lugar de otra.

Para encontrar un planificador financiero que solo cobre honorarios en tu zona, visita la página «Find an Advisor»

(Encuentra un asesor) de la Asociación Nacional de Asesores Financieros Personales (National Association of Personal Financial Advisors, NAPFA) en www.napfa.org. Este sitio también proporciona información valiosa sobre la contratación de un planificador financiero, incluidas preguntas para hacer en la entrevista, una descripción general de la industria y cómo comparar planificadores.

EL SEGURO SOCIAL Y LA SALUD

Beneficios para la jubilación

Al llegar a la edad de jubilación, recibirás beneficios basados en un cálculo complejo que incluye la cantidad de años que trabajaste, los ingresos que recibiste durante esos años y tu edad cuando solicitaste los beneficios. Para solicitar una Declaración de beneficios del seguro social, crea una cuenta «my Social Security» (Mi seguro social) en www.ssa.gov. Allí encontrarás registros de tu historial de ganancias por año (cualquier ganancia sobre la que pagaste impuestos del seguro social, que incluye los impuestos sobre el trabajo autónomo), junto con una estimación de los beneficios que puedes esperar recibir en función de si tomas la edad de jubilación anticipada (desde los sesenta y dos años hasta tu edad de jubilación plena), la edad de jubilación plena (sesenta y siete años para los nacidos en 1960 o después), o la edad de jubilación retrasada (setenta años).

CONTAR CON EL SEGURO SOCIAL

Millones de jubilados dependen del seguro social como su principal fuente de ingresos para la jubilación. Cobrar los beneficios de jubilación del seguro social suena simple, pero es más complicado que simplemente inscribirse. Para aprovechar al máximo el seguro social, deberás hacer una planificación cuidadosa y tomar algunas decisiones estratégicas. Saber cómo se calculan los beneficios y qué puedes hacer para maximizarlos te ayudará a tomar las mejores decisiones para tu situación específica.

La Administración del Seguro Social (Social Security Administration, SSA) permite solicitar los beneficios en línea a través de su sitio web www.ssa.gov/es, lo que facilita mucho la tarea. El proceso de solicitud es sencillo y, por lo general, lleva menos de treinta minutos. Antes de solicitar beneficios, debes crear una cuenta en «my Social Security».

Una vez que estés listo para presentar la solicitud, ve al sitio web de la SSA en http://www.ssa.gov/es/ y haz clic en «Solicitar los beneficios de Seguro Social» bajo «Servicios». A continuación, selecciona «Jubilación» bajo «Beneficios» y haz clic en el botón Aprenda como solicitar.

- Sigue las instrucciones en la próxima pantalla para aprender qué información necesitarás tener a mano para iniciar tu solicitud en línea o para programar una cita por teléfono o en persona. Si deseas continuar el proceso en línea, el sitio te llevará a través de varias pantallas en las que encontrarás preguntas sobre ti y tu trabajo, en inglés.
- Llena la solicitud. Puedes hacerlo todo en una sesión o detenerte en cualquier momento y continuar más tarde.
- Haz clic en «Submit Now» (Enviar ahora) para enviar la solicitud en formato electrónico.

Una vez que hayas terminado, se te enviará un recibo que puedes imprimir o guardar con tus documentos. Podrás verificar el estado de la solicitud cuando falte un mes para que comiences a cobrar los beneficios.

Cuánto pagas

Si recibes ingresos provenientes del trabajo, es decir, si trabajas por tu cuenta o para un empleador, estás contribuyendo al seguro social. Todos los trabajadores pagan el 6,2 % de su sueldo o salario (hasta un límite anual establecido) al seguro social cada año. Los empleadores pagan un 6,2 % adicional de las ganancias de cada trabajador. Los trabajadores por cuenta propia pagan ambas partes, es decir, remiten el 12,4 % de sus ganancias al seguro social.

CUIDADO DE LA SALUD

Si tienes un seguro médico, lo más probable es que estés cubierto por un plan grupal que ofrece tu empleador o el empleador de tu cónyuge o por la Ley del Cuidado de Salud Asequible (Affordable Care Act, ACA). Más allá de la edad que tengas, necesitas un seguro médico para evitar un desastre financiero si tienes una enfermedad grave o sufres un accidente. Si no tienes acceso a un seguro médico patrocinado por el empleador y no puedes pagar las primas, es posible que puedas calificar para los subsidios ACA.

Cuando se trata de un seguro de salud, busca una póliza que cubra lo que necesitas, aunque no sea la más barata. No terminarás ahorrando dinero si tu póliza no coincide con la forma en que usas la atención médica. Por ejemplo, las personas sanas sin hijos se arreglan con pólizas de bajo costo y deducibles altos, pero a las familias con niños pequeños les podría convenir una póliza de mayor costo que les ahorrará dinero en copagos y consultas de control. Puedes encontrar un seguro de salud de diferentes maneras:

- A través de la bolsa de seguros de la ACA en www.healthcare.gov/es durante los periodos de inscripción abierta o cuando hayas experimentado ciertos acontecimientos en tu vida (como casarte, tener un hijo o perder la cobertura médica).
- Comunicándote directamente con cualquier compañía de seguros (como Cigna o Blue Cross Blue Shield) para conocer los planes disponibles en tu estado.
- A través de un profesional de seguros capacitado y autorizado que pueda ayudarte a encontrar la mejor póliza (puedes encontrar profesionales calificados en tu zona en www.healthcare.gov/es/).

Organizaciones para el mantenimiento de la salud (Health Maintenance Organizations, HMO)

Una HMO es una asociación de profesionales de la salud e instalaciones médicas que venden un paquete fijo de servicios de atención médica por un precio fijo. Cada paciente tiene un médico de atención primaria, que actúa como una especie de guardián, ya que los servicios que prestan los especialistas no están cubiertos a menos que el médico de atención primaria determine que es necesaria la atención de un especialista.

Las ventajas de las HMO son costos personales más bajos y predecibles, sin necesidad de presentar formularios de reclamos. La principal desventaja es que los servicios prestados por profesionales de la salud fuera de la red de la HMO no están cubiertos. Si la red de tu HMO es pequeña, tus opciones de médicos y otros profesionales de la salud serán muy limitadas, y los servicios proporcionados por especialistas dependerán de la referencia de tu médico de atención primaria.

Organizaciones de proveedores preferidos (Preferred Provider Organizations, PPO)

Las PPO combinan los aspectos de atención administrada de las HMO con la flexibilidad de un plan de pago por servicio. Cuando te atiendes con médicos de tu red aprobada, se cubre una parte mayor de tus costos médicos, pero puedes atenderte fuera de la red de profesionales y centros de atención médica, y consultar a cualquier proveedor de atención médica de tu elección cuando lo consideres necesario. La principal ventaja de las PPO es la flexibilidad y una amplia variedad de médicos e instalaciones. Las únicas desventajas son que es más difícil predecir los costos que deberás pagar de tu bolsillo y que pagarás más por tu atención médica si te atiendes fuera de la red.

Cuentas de ahorro para la salud

Prácticamente nadie se salva de tener que pagar por atención médica en algún momento, y esos costos pueden ser escandalosamente altos. Financiar una cuenta de ahorro para la salud (Health Savings Accounts, HSA) como parte de tu planificación financiera general significa que puedes usar ganancias libres de impuestos para pagar tus gastos de atención médica, lo que te permitirá ahorrar al menos un poco de dinero. El tema es que estas cuentas solo están disponibles para personas con planes de salud con deducibles altos.

Las HSA ofrecen tres beneficios fiscales sólidos que pueden darle un impulso a tus finanzas ahora y más adelante:

- Las aportaciones reducen el monto que pagas en impuestos ahora.
- Las ganancias están libres de impuestos.
- Los retiros están libres de impuestos (siempre que cumplas las reglas).

Ningún otro tipo de cuenta con ventajas fiscales ofrece estos tres beneficios en uno.

Si tu empleador ofrece un plan HSA, aprovéchalo. Cuando haces aportaciones de esta manera, estás financiando la cuenta con dinero antes de impuestos. Esto significa que tus aportaciones no cuentan como ingresos imponibles y que no pagarás impuestos sobre ellas. En consecuencia, se reducen tus retenciones de impuestos.

Obtendrás el mismo beneficio si abres y financias una HSA por tu cuenta. Las aportaciones son deducibles de impuestos, lo que reduce tus ingresos imponibles corrientes y el monto que debes pagar en impuestos.

Siempre y cuando uses el dinero de tu HSA para pagar gastos médicos calificados, tus retiros estarán 100 % libres de impuestos. Pero si usas el dinero para cualquier otra cosa, podrías estar sujeto a penalidades fiscales de hasta el 20 % más impuestos sobre la renta comunes sobre el monto del retiro.

Además, estas cuentas tienen un beneficio adicional. Una vez que cumplas sesenta y cinco años, puedes usar este dinero para cualquier cosa sin tener que pagar impuestos ni penalidades.

Atención: las HSA están sujetas a muchas reglas. Si no las cumples al pie de la letra, podrías estar sujeto a penalidades y sanciones y pagar más impuestos. Por suerte (a diferencia de muchas reglas del IRS), las reglas a que están sujetas las HSA son sencillas y fáciles de entender. Dado que las reglas están sujetas a cambios, consulta el sitio web del IRS (www.irs.gov/es) para informarte sobre las reglas vigentes.

SEGURO DE DISCAPACIDAD

El seguro de discapacidad a corto y largo plazo protege tu capacidad de generar ingresos cuando no puedes trabajar debido a una enfermedad o lesión. Muchos empleadores ofrecen un seguro grupal de discapacidad a corto plazo como un beneficio a un costo bajo (o nulo) para los empleados. Tu parte se paga con dinero antes de impuestos y cuesta mucho menos de lo que pagarías por una póliza individual. Cuando tu empleador ofrece coberturas tanto a largo como a corto plazo, las pólizas a menudo encajan para que tu cobertura a largo plazo entre en vigencia tan pronto como caduque tu cobertura a corto plazo (si tu discapacidad se prolonga).

La finalidad del seguro de discapacidad

Aunque en cualquier momento la probabilidad de quedar discapacitado es mayor que la probabilidad de morir, son más las personas que compran un seguro de vida que las que compran un seguro de discapacidad. Antes de comprar una póliza de discapacidad individual, asegúrate de comprender los términos y lee la póliza detenidamente para asegurarte de saber qué beneficios recibirás. Averigua qué exclusiones hay (si es que hay alguna), cuál es el periodo de eliminación, cuál es el periodo de beneficios y cuál es la definición de discapacidad total.

Periodos de eliminación y beneficios

En ambos tipos de seguro de discapacidad hay un periodo de eliminación, que es la cantidad de tiempo después de que no puedes trabajar que debe pasar antes de que puedas comenzar a recibir beneficios bajo la póliza. Las pólizas de discapacidad a corto plazo pueden tener un periodo de eliminación de una a dos semanas por enfermedad o un tiempo más corto en el caso de accidentes. Los periodos de eliminación de las pólizas de discapacidad a largo plazo suelen ser de al menos treinta días y, más comúnmente, de noventa días.

Si sufres una discapacidad, recibirás beneficios hasta que te recuperes o alcances el beneficio máximo que paga tu póliza. Las pólizas de discapacidad a corto plazo pagan beneficios por una cantidad de tiempo más corto, de seis semanas a dos años. Las pólizas de discapacidad a largo plazo pueden pagar beneficios durante varios años o hasta los sesenta y cinco años (o más) de edad. Cuanto más corto sea el periodo de eliminación y más largo sea el periodo de beneficios, mayor será la prima. La mayoría de las pólizas reemplazan entre el 60 y el 80 % de tus ingresos, hasta el beneficio mensual máximo que establece tu póliza.

Definición de discapacidad

Las mejores pólizas tienen una definición de discapacidad que incluye la imposibilidad de cumplir con las obligaciones principales de tu ocupación. Según estas pólizas, si no puedes cumplir con tus obligaciones principales, puedes ir a trabajar en otra ocupación que sí estés en condiciones de realizar y, aun así, cobrar tu pago por discapacidad. Las pólizas menos costosas o de menor calidad no pagan beneficios a menos que no puedas hacer ningún trabajo para el que seas razonablemente apto, o descuentan de tu cheque de beneficios mensual los ingresos que ganes en otro lugar. Hay tres tipos de pólizas de discapacidad a largo plazo:

- **Renovables no cancelables y garantizadas**: La compañía de seguros garantiza que podrás renovar la póliza durante el tiempo que desees con la misma prima y por los mismos beneficios mensuales, más allá de cualquier cambio en tu ocupación o ingresos.

- **Renovables garantizadas**: La compañía de seguros no puede darte de baja, pero puede aumentar los precios.
- **Renovables condicionales**: La compañía puede decidir no renovar tu póliza, tal vez cuando más la necesites, o puede aumentar las primas y agregar condiciones en cualquier momento.

Obviamente, las pólizas renovables no cancelables y garantizadas son el tipo más conveniente, pero también son las más caras. Evita las pólizas renovables condicionales. Te conviene tener la seguridad de que contarás con cobertura cuando la necesites. Compra beneficios por discapacidad residual. Esto significa que si no estás totalmente discapacitado, pero no puedes trabajar a tiempo completo, se te pagarán beneficios parciales. Puedes esperar pagar entre el 1 y el 3 % de tus ingresos anuales por una póliza de discapacidad a largo plazo, por lo que si ganas $30 000, una póliza probablemente te costará entre $300 y $900 al año. El costo dependerá de tu edad y de las características de la póliza que elijas. El periodo promedio de discapacidad es de aproximadamente tres años.

INVERTIR PARA LA JUBILACIÓN

Construye tu nido financiero

Tu objetivo de inversión general es acumular un patrimonio. Es posible que desees ahorrar para el pago inicial de tu primera casa, financiar la educación universitaria de tus hijos, pasar unas vacaciones de lujo, contar con una jubilación cómoda o lograr cualquier otro objetivo. Cada uno de tus objetivos financieros tiene un plazo que influirá en tu decisión con respecto a los tipos de inversiones que elijas. Cuanto más corto sea el plazo, más conservadora debe ser la inversión. Cuanto más largo sea el plazo, más agresiva puede ser la inversión.

TOLERANCIA AL RIESGO Y ASIGNACIÓN DE ACTIVOS

Antes de que puedas comenzar a invertir de manera inteligente, debes evaluar tu tolerancia al riesgo. Esta es tu capacidad para ver cómo tus inversiones pierden valor a corto plazo porque crees que aumentarán a largo plazo. Cuanto mayor sea el riesgo, mayor será la recompensa potencial, y viceversa.

Si puedes tolerar las fluctuaciones en el valor de mercado y enfocarte en el largo plazo, considera la posibilidad de invertir en activos agresivos, como acciones. Si te pones nervioso e incómodo cuando tus inversiones bajan de valor, aunque solo sea un poco, entonces las opciones conservadoras y de bajo riesgo probablemente sean más acordes a tu estilo.

Un inconveniente de las inversiones de bajo riesgo

Los inversionistas de bajo riesgo se enfrentan a una desventaja potencial significativa: no tener suficiente dinero para la jubilación. Si no inviertes en acciones, te pierdes los beneficios de la clase de inversión más gratificante desde el punto de vista financiero. Históricamente, el mercado de valores siempre ha superado a otras inversiones (y al ritmo de la inflación) a lo largo del tiempo, a pesar de las caídas que puede experimentar por el camino.

Los inversionistas de alto riesgo están dispuestos a asumir grandes riesgos a cambio de la posibilidad de rendimientos sustanciales. Pueden dormir sin problemas aunque pierdan grandes cantidades de dinero en los papeles (porque, en realidad, no pierden dinero hasta que venden inversiones que tienen un bajo rendimiento). Los inversionistas de riesgo moderado están dispuestos a asumir riesgos de bajos a medios para aumentar las probabilidades de crecimiento de su inversión. Los inversionistas conservadores se sienten incómodos ante la idea de perder dinero en sus inversiones y renuncian a la posibilidad de obtener altos rendimientos a cambio de la estabilidad y seguridad de las inversiones conservadoras con ingresos más predecibles. Les importa más perder dinero que el potencial de obtener mayores rendimientos.

Las inversiones de mayor riesgo incluyen las siguientes:

- Futuros
- Materias primas
- Sociedades en comandita
- Piezas de colección
- Alquiler de inmuebles
- Acciones muy baratas, conocidos como «penny stocks» (acciones que cuestan menos de $5 cada una)

- Acciones especulativas (como acciones en nuevas empresas)
- Acciones extranjeras de naciones volátiles
- Bonos «basura» (o bonos corporativos de alto rendimiento)

Las inversiones de riesgo moderado incluyen las siguientes:

- Acciones de crecimiento (empresas que reinvierten la mayor parte de sus ganancias para hacer crecer el negocio)
- Bonos corporativos con calificaciones más bajas (pero aún de grado de inversión)
- Fondos mutuos o fondos de inversiones cotizados en bolsa (exchange-traded funds, ETF)
- Fideicomisos de inversión inmobiliaria (real estate investment trusts, REIT)
- Acciones de primera línea o «blue chip»

Las inversiones de riesgo limitado incluyen las siguientes:

- Bonos corporativos y municipales de grado de inversión de primera categoría

Las inversiones de menor riesgo incluyen las siguientes:

- Letras y bonos del Tesoro
- CD (certificados de depósito) bancarios asegurados por la FDIC
- Fondos del mercado monetario

La relación entre los bonos y las tasas de interés

No es aconsejable comprar bonos cuando se espera que las tasas de interés aumenten pronto, ya que te quedarás atrapado con una tasa de interés más baja que la del mercado y ganarás menos de lo que ganarías si hubieras esperado un poco de tiempo. El precio de un bono tiende a subir cuando las tasas de interés bajan y viceversa.

PON EN PRÁCTICA LA ASIGNACIÓN INTELIGENTE DE ACTIVOS

La asignación de activos significa dividir la cartera entre diferentes tipos de activos para mitigar el riesgo general de la inversión. Las estrategias de asignación inteligentes ayudan a nivelar los picos y las caídas para mantener las inversiones en un camino más estable de crecimiento y ganancias. Los diferentes tipos de activos incluyen acciones, bonos, equivalentes de efectivo (como fondos del mercado monetario) y bienes raíces. Los modelos agresivos de asignación de activos tienen sustancialmente más acciones que otros tipos de inversiones y se enfocan principalmente en oportunidades de crecimiento a largo plazo. La asignación conservadora de activos implica un enfoque más equilibrado, donde las tenencias más estables (como bonos y equivalentes de efectivo) compensan las inversiones más riesgosas en acciones.

Elegir qué porcentaje invertir en cada categoría depende de una serie de factores, incluida tu tolerancia al riesgo, tu edad y qué tan pronto esperas necesitar el dinero. Una regla práctica popular que utilizan algunos expertos es restar tu edad a 110 o 120 para determinar qué porcentaje de tu cartera de inversiones debería invertirse en el mercado de valores. Por ejemplo, a los cuarenta años podrías invertir del 70 al 80 % de tu cartera en acciones.

¡DIVERSIFICA, DIVERSIFICA, DIVERSIFICA!

La diversificación significa no poner todos los huevos en una sola cesta. Cuanto más distribuyas tus inversiones entre diferentes tipos de valores y diferentes sectores del mercado (servicios financieros, biomédicos, tecnología), menor será el riesgo de pérdidas sustanciales.

Una cartera bien diversificada va un paso más allá de la asignación de activos. Debe poseer muchas tenencias diferentes dentro de cada tipo de activo. Por ejemplo, las tenencias de acciones incluirían acciones de pequeña, mediana y alta capitalización (más sobre este tema a continuación), en muchas industrias diferentes e incluso posiblemente acciones internacionales. Por lo general, cuando un sector o tipo de inversión tiene bajos rendimientos, hay otro que tiene altos rendimientos, por lo que diversificar ayuda a equilibrar algunos de los altibajos del mercado.

Al invertir en equivalentes de efectivo, ten en cuenta que no todos los equivalentes de efectivo son iguales. Aunque suele esperarse que los equivalentes de efectivo estén relativamente libres de riesgo, el Gobierno no garantiza que los fondos del mercado monetario (a diferencia de las cuentas del mercado monetario) vayan a mantener su precio. Por ejemplo, en 2008, algunos de estos fondos, que se esperaba que se mantuvieran estables a $1 por acción, en realidad cayeron a menos de $1 por acción (o «rompieron la regla») cuando los inversionistas retiraron sus acciones en masa a raíz de la crisis financiera. El Gobierno intervino de manera temporal para garantizar estas cuentas, pero esta garantía ya no existe.

INVERTIR EN ACCIONES

Las acciones son partes de empresas. Cuando compras una acción, estás comprando una acción de una empresa. El valor de las acciones sube y baja a medida que cambia el valor de la empresa.

Las empresas de propiedad pública venden acciones para recaudar dinero para llevar a cabo operaciones o expandirse, invertir en nueva tecnología o equipos o satisfacer otras necesidades financieras. Luego, esas acciones se revenden en el mercado abierto a través de las bolsas de valores (como NYSE y NASDAQ).

Cuando los precios de las acciones bajan, en realidad no pierdes dinero a menos que vendas mientras el precio es bajo. Una pérdida que solo está en los papeles se puede recuperar si el precio de las acciones se recupera, pero una venta hace que la pérdida sea definitiva. Es importante que el miedo no te lleve a vender tus acciones prematuramente. Debes comprender en qué estás invirtiendo para poder determinar si una disminución en el precio de las acciones representa una oportunidad para comprar más acciones que están «de oferta» o si algo ha cambiado de forma fundamental dentro de la empresa, que puede hacer que reconsideres tu posición.

Cuando el precio de una acción sube tanto que los inversionistas son reacios a comprar, la empresa puede declarar una división de acciones. Si la división es de dos por uno, recibirás una acción gratis por cada acción que posees y el precio por acción se reducirá a la mitad. El valor de tu inversión total no cambia, ya que hay el doble de acciones de la empresa disponibles para la compra, pero el precio más bajo puede hacerla más atractiva para los inversionistas y la demanda de las acciones puede aumentar el precio en cuanto se anuncie la división de acciones. Dado que tienes más acciones, tu inversión valdría más de lo que habría valido sin la división una vez que el precio comience a subir.

Nivel de riesgo de las acciones

Las acciones no ofrecen un rendimiento garantizado, así que nunca inviertas en algo que no comprendas. Tomar una decisión fundamentada a la hora de asumir un riesgo crea la oportunidad de obtener una mayor rentabilidad sobre tu inversión. Lanzarse a inversiones sobre las que no sabes nada, o que esperas que generen una ganancia rápida, pone en riesgo tu dinero.

Índices bursátiles

Los índices bursátiles siguen determinados mercados e indican los cambios en los precios. Hay muchos índices bursátiles estadounidenses e internacionales, pero el más conocido del mundo es el Dow Jones Industrial Average (DJIA), que hace un seguimiento de treinta acciones de primera línea de EE. UU. Las «blue chip» (fichas azules, o de primera línea) son las acciones de empresas muy grandes y bien establecidas (en el póquer, las fichas azules son las que tienen el mayor valor en dólares).

Otros índices estadounidenses incluyen el S&P 500, un índice de las 500 empresas más grandes de Estados Unidos; el Russell 2000, que mide el desempeño general de las empresas de pequeña y mediana capitalización, y el Wilshire 5000, que hace un seguimiento de todo el mercado de valores. Es útil comparar el rendimiento de tus acciones, ETF o fondos mutuos con el índice correspondiente. Si tienes un fondo mutuo de pequeña capitalización, por ejemplo, compara su rendimiento con el Russell 2000. Si el fondo tiene sistemáticamente un rendimiento inferior al índice, considera vender tus acciones y poner el dinero en un fondo del índice Russell 2000 de rendimiento.

Cómo comprar acciones

Para comprar acciones, puedes colocar una orden a través de una correduría de servicio completo o una de descuento, o bien puedes recurrir a una correduría en línea de descuento, como Charles Schwab (www.schwab.com), TDAmeritrade (www.td.com) o E*TRADE (us.etrade.com) para ejecutar tus propias órdenes. Asegúrate de comprender todos los términos del formulario en línea antes de finalizar la compra. No necesitas recurrir a un corredor de servicio completo a menos que desees recibir asesoramiento sobre qué acciones te conviene comprar. Dado que a los corredores se les paga a comisión, obtendrán un beneficio financiero por sus recomendaciones. Es aconsejable que decidas por tu cuenta qué acciones comprar o vender. No te guíes únicamente por la recomendación de un corredor.

Otra forma de comprar acciones es a través de un plan de compra directa de acciones (direct stock purchase plan, DSPP), que te permite comprar acciones directamente de la empresa emisora. Los costos iniciales son reducidos o nulos y las acciones estarán registradas a tu nombre. Algunas de las empresas más conocidas, como Amazon ($250 mínimo), Cisco Systems ($500 mínimo o $50 con inversión recurrente), Microsoft ($250 mínimo o $25 con inversión recurrente), Costco ($250 mínimo o $25 con inversión recurrente) y McDonalds ($500 mínimo o $50 con inversión recurrente), se pueden comprar de esta manera.

Otra opción: muchas empresas ofrecen planes de reinversión de dividendos (dividend reinvestment plans, DRIP). A menudo, las empresas pagan parte de sus ganancias en forma de dividendos a los accionistas, por lo general trimestralmente. Los dividendos se pueden pagar en efectivo o en acciones. Con un DRIP, puedes reinvertir los dividendos en acciones adicionales, a menudo sin pagar una comisión. Cuando el precio de las acciones sube, también lo hace el valor de las acciones reinvertidas. Ten en cuenta que los dividendos están sujetos a impuestos sin importar la forma en que los recibas. Tendrás que pagar impuestos sobre los dividendos reinvertidos.

Al tomar decisiones de inversión, en especial aquellas que involucran acciones individuales, considera seriamente empresas que tengan un largo historial de pago de dividendos a sus accionistas y que tienden a aumentar esos pagos cada año. Los dividendos son distribuciones discrecionales de las ganancias de una empresa que la junta directiva hace a sus accionistas. Un sólido historial de pago de dividendos significa que la empresa es rentable y rica en efectivo, y un historial de crecimiento en el pago de dividendos infunde confianza en que seguirá siendo así.

Las leyes del impuesto sobre la renta vigentes favorecen ciertos ingresos por dividendos (conocidos como ingresos por dividendos calificados) recibidos por los accionistas, ya que están sujetos a una tasa fiscal más baja que otras formas de ingresos (como salarios, intereses o alquileres). Los dividendos calificados se gravan a tasas de ganancias de capital más favorables.

INVERTIR EN BONOS

Los bonos se conocen como valores de renta fija porque los ingresos que proporcionan quedan fijados en el momento en que el emisor los vende. Cuando compras un bono, le estás prestando dinero al emisor del bono a cambio de una tasa fija de rendimiento en forma de interés. Por lo general, el emisor paga los intereses semestralmente. Sin embargo, en algunos tipos de bonos, el emisor paga todos los intereses al vencimiento del bono, junto con el capital que te pidió prestado. De cualquier manera, deberás pagar impuestos sobre los intereses todos los años.

Las empresas, los estados, las ciudades y los gobiernos emiten bonos por la misma razón por la que las empresas emiten acciones: para recaudar dinero para sus operaciones, expansión u otras necesidades financieras.

Calificaciones de los bonos

Las compañías de calificación de bonos les asignan una calificación basada en su seguridad. Estas calificaciones van de AAA (bajo riesgo) a C (alto riesgo) e indican la probabilidad de que el emisor pague los intereses y el capital según lo prometido. Cada emisor utiliza un sistema de calificación ligeramente diferente, por lo que debes asegurarte de saber qué sistema se está usando. Puedes encontrar calificaciones de bonos en línea en AM Best (web.ambest.com), Moody's (www.moodys.com) y S&P Global (www.spglobal.com/ratings/es).

Nivel de riesgo de los bonos

Los bonos emitidos por el Gobierno federal se consideran sumamente seguros, lo que significa que prácticamente no hay riesgo de que los titulares de los bonos no reciban sus pagos de intereses y capital. Algunos bonos corporativos son seguros, mientras que otros conllevan un mayor riesgo. Los bonos de alto rendimiento pagan una tasa de interés más alta, pero su apodo de «bonos basura» es en cierto sentido una advertencia. Estos bonos conllevan el riesgo muy concreto de que no cumplan con los pagos de intereses y que no se paguen al vencimiento.

Uno de los riesgos asociados con los bonos, el riesgo de tasa de interés, considera las tasas de interés relativas (a veces llamadas tasas de cupón). Si dejas tu dinero quieto durante varios años a una tasa de interés fija, es posible que no puedas vender el bono al precio total si otros bonos pagan tasas de interés más altas. Además, con tu dinero inmovilizado en un bono con una tasa más baja, perderías la oportunidad de comprar nuevos bonos que ofrecen tasas de interés más altas.

Muchos bonos se negocian en el mercado abierto como si fueran acciones, aunque la mayoría de las transacciones se realizan a través de operadores de bonos. Por lo general, si las tasas de interés del mercado suben, el valor de los bonos ya emitidos disminuirá. Si las tasas de interés del mercado bajan, entonces el bono ya emitido con una tasa de interés más alta aumentará. Estos escenarios solo importan cuando operas con los bonos, no si los conservas hasta su vencimiento.

Los estados y las ciudades emiten bonos municipales para financiar proyectos como reparaciones de carreteras, construcción de puentes, renovaciones de parques y cualquier otro proyecto que requiera grandes sumas de dinero. Debes tener cuidado al considerar esta alternativa, ya que, actualmente, la mayoría de los estados opera en una posición deficitaria. El principal atractivo de los bonos estatales y locales es que sus ganancias están exentas del impuesto federal sobre la renta, lo que los hace atractivos para las personas que pertenecen a una categoría impositiva alta. Del mismo modo, los intereses del Tesoro de EE. UU. están exentos de impuestos sobre la renta estatales y locales. Si compras un bono estatal o local del estado donde resides, verás que el interés del bono estará exento de los impuestos sobre la renta federales, estatales y locales. Es por eso que a menudo se los denomina «bonos libres de impuestos por tres». Debido a ese beneficio fiscal, por lo general no tiene sentido mantener bonos municipales en cuentas de jubilación con impuestos diferidos.

Cómo comprar bonos

Puedes comprar bonos individuales del Gobierno federal, incluidos bonos de ahorro de EE. UU., directamente del Tesoro de EE. UU., y bonos gubernamentales y corporativos a través de un corredor. La mayoría de los bonos tienen valores nominales de $1000, lo que significa que originalmente se venden por $1000 (o a un valor cercano) cada uno. Eso puede dificultar la inversión en bonos individuales, en especial si el inversionista desea diversificar sus tenencias.

La opción más fácil: invierte en un fondo mutuo de bonos o ETF, que invierte en una gran cantidad de bonos diferentes. Es posible que debas pagar gastos del fondo que disminuirán el rendimiento neto, pero puedes empezar a invertir con mucho menos dinero y tendrás mucha más flexibilidad cuando llegue el momento de vender.

Valores del Tesoro de EE. UU.

Los valores del Tesoro de EE. UU. (letras, pagarés y bonos) se pueden comprar y vender en el mercado de valores. Por lo general, proporcionan ingresos estables y seguridad. Las letras del Tesoro (T-bills) tienen vencimientos que van de cuatro semanas a un año a partir de su fecha de emisión. Cuando los compras, pagarás menos de su valor nominal (descuento a la par) y, al vencimiento, recibirás el valor nominal completo. Los bonos del Tesoro pagan una tasa de interés fija cada seis meses hasta su vencimiento, que va de dos a diez años. Los bonos del

Tesoro también realizan pagos de intereses semestrales fijos y tienen vencimientos a treinta años.

Valores del Tesoro protegidos contra la inflación (Treasury Inflation-Protected Securities, TIPS)

Los TIPS funcionan como los bonos del Tesoro de EE. UU., salvo que el monto del capital puede ajustarse cada seis meses según los aumentos que registre el Índice de precios al consumidor (Consumer Price Index, CPI), que es el principal barómetro de inflación del Gobierno de EE. UU. Cualquier disminución posterior puede reducir el monto del capital, pero no por debajo de su valor nominal original. Dado que la tasa de interés se determina como un porcentaje del capital, cualquier aumento del capital provocará un aumento correspondiente en el interés. La tasa de interés original de un TIPS puede ser algo más baja que la de un bono del Tesoro de EE. UU., que tiene una tasa de interés fija hasta su vencimiento. Los TIPS se emiten con vencimientos a cinco, diez y treinta años.

FONDOS MUTUOS

Los fondos mutuos son una opción que permite a los inversionistas combinar su dinero para poder invertir en muchas acciones o bonos diferentes. Los fondos mutuos se encuentran entre las mejores alternativas para la mayoría de las personas por varias razones:

- Diversifican automáticamente tu cartera de inversiones.
- Solo requieren una pequeña suma de dinero para comenzar a invertir (en comparación con la creación de una cartera de

acciones o bonos individuales), en algunos casos tan solo de $25 a $100.

- Son fáciles de seguir (más fácil que hacer un seguimiento de decenas de inversiones individuales).

Al igual que otros tipos de inversiones, algunos fondos mutuos son más riesgosos que otros, así que asegúrate de leer los objetivos del fondo y saber en qué invierte. ¿Con tu dinero comprará acciones en empresas de primera línea o en empresas de países en desarrollo? Aunque el rendimiento pasado no garantiza los resultados futuros, observa cómo le ha ido al fondo en los últimos años y compáralo con un índice aplicable para ver si siguió el ritmo de sus competidores. Ten en cuenta también el índice de gastos (los costos de poseer el fondo). Muchos fondos mutuos, en especial los fondos administrados, tienen índices de gastos relativamente altos. Los fondos indexados suelen ofrecer los gastos de fondo más bajos. Cuanto menor sea el índice de gastos, mayor será el porcentaje de lo que ganes con el que puedas quedarte. Puedes encontrar comparaciones detalladas de fondos mutuos en línea en www.morningstar.com.

Nivel de riesgo de los fondos mutuos

Los fondos mutuos son menos riesgosos que las acciones individuales, ya que su inversión en cualquier acción es relativamente pequeña en comparación con todas sus tenencias. Si una empresa se va a pique, el efecto sobre el fondo suele ser mínimo, o al menos se ve atenuado. Cuando sectores enteros caen, como el de las acciones tecnológicas, el impacto puede ser grande si el fondo tiene muchas inversiones en acciones tecnológicas. El tipo de fondo y sus tenencias determinan el nivel de riesgo.

Ingresos frente a crecimiento

Cada fondo tiene sus propios objetivos de inversión. Los fondos que tienen como objetivo generar ingresos corrientes invierten en gran medida en bonos y acciones que pagan dividendos debido a los ingresos constantes que generan. Estos fondos atraen a los jubilados y a las personas que reciben una renta fija. Los fondos que tienen como objetivo el crecimiento a largo plazo invierten en acciones, otros fondos mutuos de acciones y bienes raíces, ya que estas inversiones por lo general aumentan de valor con el tiempo. Los fondos de crecimiento e ingresos son un híbrido de estos dos tipos e invierten en ambos tipos de valores.

Fondos con y sin cargo de venta

El cargo de venta (load) es un cargo o comisión de venta que cobran algunos fondos mutuos y, por lo general, se indica como un porcentaje de la cantidad comprada o vendida. Los cargos de venta iniciales son cargos que se cobran por adelantado al comprar el fondo, por lo que no se invertirá el precio total de compra. Los cargos de venta finales son cargos que se pagan al vender el fondo. Si el cargo es del 6 % e inviertes $2000, el cargo será de $120. Esto significa que si inviertes $2000, solo recibirás acciones de fondos mutuos por un valor de $1880. Los fondos que no cobran cargos de venta iniciales o finales se denominan fondos sin cargos de venta. Al elegir un fondo mutuo, ten en cuenta los cargos de venta, si hay, y la relación de gastos anuales. Estos reducirán tu rentabilidad. Si compras un fondo con un cargo de venta del 6 % y una relación de gastos del 2 %, debes obtener un rendimiento del 8 % el primer año para alcanzar el punto de equilibrio. Muchos sitios web de inversión proporcionan una comparación del cargo de venta promedio y las relaciones de gastos del tipo de fondo mutuo que te interesa. Siempre que sea posible, elige opciones de fondos sin cargo de venta con bajas relaciones de gastos para minimizar los costos y maximizar las ganancias.

Varios índices

El índice más conocido es el Standard & Poor's 500 (S&P 500), que invierte en las 500 principales acciones estadounidenses. El fondo de acciones indexadas más grande y conocido es Vanguard 500 de The Vanguard Group. Por lo general, los fondos indexados no cobran cargos y tienen índices de gastos muy bajos, ya que no se administran de forma activa.

Fondos indexados

El objetivo de un fondo indexado es igualar el rendimiento de un índice específico comprando acciones de cada acción de ese índice. Dado que los fondos indexados no requieren una administración especializada, pueden cobrar gastos mucho más bajos (a veces tan bajos como cero). Los fondos indexados ofrecen una exposición al mercado amplia y segmentada para una fuerte diversificación. Además, suelen tener una rotación muy baja (las inversiones dentro del fondo no se compran o venden con frecuencia), lo que también minimiza los costos del fondo.

Capitalización de mercado

Los fondos mutuos suelen clasificarse en función de la capitalización de mercado de las empresas en las que invierten, ya que la capitalización es uno de los criterios que los inversionistas tienen en cuenta al elegir fondos. La capitalización de mercado de una empresa se calcula multiplicando el precio actual de las acciones por el número de acciones en circulación. Las categorías son las siguientes:

- **Fondos de gran capitalización:** empresas con una capitalización de mercado superior a $10 mil millones.
- **Fondos de acciones de mediana capitalización:** empresas con una capitalización de mercado de $2 a $10 mil millones.
- **Fondos de pequeña capitalización:** empresas con una capitalización de mercado de $250 millones a $2 mil millones.
- **Fondos de microcapitalización:** empresas con una capitalización de mercado inferior a $250 millones.

Los expertos consideran que los fondos de gran capitalización, como el índice 500 de Vanguard, son los menos volátiles, y los fondos de empresas más pequeñas los más volátiles.

Cómo comprar fondos mutuos

Para comprar fondos mutuos, puedes recurrir a corredurías de servicio completo o de descuento, o bien puedes comprar directamente de una familia de fondos mutuos, como Vanguard (https://investor.vanguard.com) o Fidelity (www.fidelity.com). Por lo general, lleva alrededor de quince minutos crear una cuenta en línea y empezar a invertir.

Fondos cotizados en bolsa (Exchange-Traded Funds, ETF)

Un ETF es un valor que sigue un índice, una materia prima o una cesta de activos como un fondo indexado, pero se negocia como una acción en una bolsa de valores. Los ETF experimentan cambios de precio a lo largo del día y se venden en el mercado secundario como acciones individuales, por lo que el precio de compra puede estar en su valor liquidativo (Net Asset Value, NAV) o por encima o debajo de este, según el número de compradores y vendedores interesados en un ETF específico. Los ETF suelen aplicar cargos más bajos y ofrecen más transparencia y mayor flexibilidad en sus transacciones que los fondos mutuos indexados. La mayoría de las principales corredurías ofrecen una amplia variedad de ETF de bajo costo y sin cargo. Puedes obtener más información sobre los ETF en www.investopedia.com.

ÍNDICE

ACERCA DEL AUTOR

Alfred Mill tiene un profundo interés en las finanzas personales y la economía. Es autor de *Personal Finance 101*, *Economics 101* y *Social Security 101*.

ACERCA DE LA EDITORA TÉCNICA

Michele Cagan es contadora pública certificada, autora y mentora financiera. Como editora técnica de este título, aporta más de veinte años de experiencia en planificación financiera personal. Michele ha escrito numerosos artículos y libros sobre finanzas personales, inversiones y contabilidad, incluidos *The Infographic Guide to Personal Finance*, *Investing 101*, *Budgeting 101*, *Real Estate Investing 101*, *Stock Market 101* y *Financial Words You Should Know*. Además de sus conocimientos financieros, Michele siente un amor no tan secreto por la pintura, Star Wars y el chocolate. Vive en Maryland con su hijo, sus perros, sus gatos y su pez koi. Para obtener más orientación financiera de Michele, visita MicheleCaganCPA.com.